果壳
科技有意思

给少年的科学书

果壳 | 编著　郝多 | 审

# 碰撞吧
# 物理

人民邮电出版社
北　京

**图书在版编目（CIP）数据**

给少年的科学书. 碰撞吧物理 / 果壳编著. -- 北京：
人民邮电出版社，2022.5（2023.10 重印）
ISBN 978-7-115-56878-6

Ⅰ. ①给… Ⅱ. ①果… Ⅲ. ①科学知识－青少年读物
②物理学－青少年读物 Ⅳ. ①Z228.1②O4-49

中国版本图书馆CIP数据核字(2021)第137881号

♦ 编　著　果　壳
　　审　　　郝　多
　　责任编辑　胡玉婷
　　责任印制　陈　犇
♦ 人民邮电出版社出版发行　北京市丰台区成寿寺路 11 号
　邮编　100164　　电子邮件　315@ptpress.com.cn
　网址　https://www.ptpress.com.cn
　天津画中画印刷有限公司印刷
♦ 开本：700×1000　1/16
　印张：10　　　　　　　　2022 年 5 月第 1 版
　字数：139 千字　　　　　2023 年 10 月天津第 12 次印刷

定价：59.80 元

读者服务热线：**(010)81055493**　印装质量热线：**(010)81055316**
反盗版热线：**(010)81055315**
广告经营许可证：京东市监广登字 20170147 号

# 内容提要

　　本系列丛书是国内知名的科学文化品牌果壳为青少年编写的学科科普读物,精选有趣又有料的科学话题,旨在通过科普阅读的形式拓展青少年的知识面,全系列分为数学、物理、化学、生物、地理5个分册。本书为物理分册,介绍了力、声、光、能量和高能粒子等内容。书中以阅读笔记的形式,对专业名词做了精确注释,还做了知识点总结,与课标知识点相关联。本书不仅是对物理学学科知识的讲解,更侧重于介绍物理知识点在生产和生活中的实际运用,非常适合青少年读者阅读。

# 序

"即使我身陷果壳之中，仍自以为是无限宇宙之王。"

这是《哈姆雷特》中的一句台词，也是霍金的著作《果壳中的宇宙》名字的由来。果壳网的名字就来源于此，寓意谁都无法阻挡我们对于世界的好奇、探求真知的渴望。

少年阶段，是一个人一生中好奇心最旺盛的阶段。

可是，当下的少年，有学不完的课程和做不完的作业。我们周围有很多这样的少年。回想30年前，我们和大家一样也是少年。30年前的家长和老师，一样整天教导、督促、念叨着：只有刻苦学习才能考出好成绩，才能进入好大学，才能找到好工作……

30年的时间很长，中国的许多城市已经换了新的面貌；30年的时间也很短，中学生学习的知识似乎没有太大的改变。

我们觉得，果壳应该为少年做点什么。

于是，在几年前，我们和来自全国各地的上百个少年一起打造了"果壳少年"项目，由少年来出主意、审稿子，"果壳少年"的编辑们按照中学课本的学习进度，来组织编写文章。比如，学生们学习浮力，我们就讲自然界中的植物如何利用浮力漂洋过海传播种子；学生们学习酸碱度，我们就讲为什么胃酸没有把胃腐蚀掉……目的是打通课本知识、科学前沿和现实生活之间的界限，帮助少年们开阔视野，让孩子们知道书本里的知识并不只是干巴巴的一道道题，而是既能"高大上"，又能"接地气"。

如今，当年那些和我们一起编稿子的优秀少年们，很多已经考上了心目中理想的大学。但是这些曾经帮助过他们的文章，应该被传递下去。

于是，从这些稿件中，"果壳少年"团队精心挑选了174篇，重新编写、配图、设计、排版，以更适合中学生阅读的方式集结成书。它们是"果壳少年"团队、科学作者群、少年编委群、教研老师群共同努力的缩影和精华所在。

希望通过图书出版的方式，"果壳少年"的接力棒可以交到更多的少年手中。

多年来，果壳一直致力于"让科学流行起来"，今天果壳《给少年的科学书》要"让学习快乐起来"。

# 少年说

*写给少年的书，让少年自己选择*
*特别感谢来自五湖四海、天南海北的少年编委团*

我们这些少年编委是作为科学爱好者聚在一起的，平时讨论的内容也与科学相关。这种思维的碰撞，知识的交流，对我而言大有裨益——既能拓宽视野，又能增长见识，而且可以帮助我坚持对科学的爱好，长存好奇心。

—— 陕西科技大学 大一 杨若朴

曾就读于西安市西光中学

作为"果壳少年"编委，我有幸参与了科普文章的创作，见证了一篇篇文章的诞生。这些科普文章对我的影响是潜移默化的。高三时的生物考卷有很多大题是以一些前沿研究为背景的，还会有一道专门的科普阅读题。这时我才意识到，当时看过的那些文章在不知不觉中让我了解了很多科学知识，也让我具备了快速提取信息的能力。

—— 宁波诺丁汉大学 大一 厉佳宁

曾就读于北京师范大学附属中学

通过参加"果壳少年"编委的活动，我才发现相比研究我更喜欢传播知识，并且越来越明确以后想从事教师之类的工作。无论是课间跟同学讲题，还是单纯科普一些新奇知识，我都能感觉到欣喜。这段经历对我来说是一种启蒙，尤其是在最后的夏令营中的经历如今依然在深深影响着我。

—— 天津市第四十七中学 高三 赵祥宇

曾就读于北京景山学校远洋分校

作为一个在三四线小城市长大的孩子，在参与"果壳少年"科普工作的过程中，我近距离地感受到了大城市孩子灵动的思想！这极大地触动了我，也激励了我去做一些事情拓展自己的眼界，比如广泛的阅读。

—— 广东海洋大学 大一 车诗琳

曾就读于广东高州中学

# 主编说

### 这是果壳献给少年的一份大礼

很多人说,做科普的果壳一直有"好为人师"的情怀,大家也天然觉得,果壳积累了这么多年,应该有很多适合少年看的内容吧?

但是,真正开始做"果壳少年"这个项目,我们比做其他任何一个项目都更慎重。我们反复提出策划案,反复否定,终于在2017年年底,成立了项目组。

说实话,我们怀着忐忑的心情开始做第一轮调研——和中学老师交流需求。当时,我们特别怕碰一鼻子灰,担心如果老师觉得我们的工作没有必要该怎么办。幸运的是,在调研阶段和老师们的讨论,极大地鼓舞了项目组成员。当时还在北京市第四中学任教的朱岩老师,舍弃了午休时间和我们相会在学校门口的咖啡馆。他说,果壳应该做一些学校老师没精力弄的事情。他认为在中学阶段扩展视野,对孩子来说太重要了。

之后,我们还和中国人民大学附属中学的初中物理组老师开会讨论了中学生究竟需要什么样的文章。老师们听说果壳要专门给中学生做科普文章,都非常支持。因为老师们平时也需要想尽办法寻找各种素材,来帮助学生了解课本中的知识在真实生活中的应用,如果果壳能利用自己在科研圈和科普圈的作者和专家资源来做一些知识应用的整理,就能让教学如虎添翼。

于是,我们据此确定了自己的定位,参照初中的课标定主题。这样一来,让同学们白天学到了什么知识点,晚上就能看到与之对应的科普文章。

## 这里汇集了一批最好的学者和科普达人

在这样的愿景下,我们在果壳内外挑选了最严谨、最专业、最适合做少年项目的科学编辑,在一个月内迅速搭建了团队,组成了一个小小的内容突击队。

组稿过程中,我印象最深刻的是策划期的打磨。

给中学生看的文章,需要格外谨慎,这是毋庸置疑的,也是果壳做内容一贯秉承的原则。但我们不知道,现在孩子们的阅读习惯和偏好是什么样的。我们只是模糊地觉得,文章不能太长、太晦涩,不然,作为课外读物就非常不合适了。

为了"迎合"他们的"口味",我们做了很多样稿,甚至尝试了一些网络文章流行的写法。但最后,我们还是否定了这些自作聪明的尝试,大家一致认为,给中学生看的应该是优质的内容和规范的文字。我们应该自己先判断出什么样的内容是优质的,这样才能让少年们知道好文章应该是什么样子的。

第一批作者是果壳作者中写作能力公认最好的学者和科普达人，有叶盛、云无心、王永亭、朱岩等。值得一提的是，我们还约了几位学生一起来创作。后来，一位学生撰写的演化相关的文章，成了"果壳少年"发布的第一篇文章。我们想要表达的是："果壳少年"的内容是为了少年的真实需求而创作的。

## 这里有百里挑一的少年编委

为了更贴近中学生的阅读能力，我们的每一篇文章，都是由十几个中学生审读过的。这批由中学生组成的少年团，叫作少年编委。邀请少年编委加入的目的是，避免中学生看不懂书中的文章或者对文章内容不感兴趣。果壳微信公众号每次发出少年编委的招募通知，都收到来自全国各地的几百份申请，我们并不要求少年编委是学霸，而是要求他们有广泛的阅读，有自己的爱好，并且愿意积极参与项目，毕竟在繁重的学习中，还需要每天看3~5篇文章，这是个不小的工作量。

令我们欣慰的是，少年编委的经历，让很多孩子发现了自己的兴趣点，甚至影响了他们的大学专业选择和未来职业规划。

如今，这些精心创作的文章即将出版，如果它们能够陪伴一代又一代的青少年快乐学习、快乐成长，我想，这可能是所有参与创作的作者、编辑、老师和少年编委都希望看到的事。

# 如何使用这套书

本系列书共有5册，共有174篇文章，内容涉及数学、物理、化学、地理、生物。书中的每篇文章都从中学课本的知识点出发，挑选有趣的话题和角度撰写，并配合知识点的详解和剖析，拉近课本知识和日常生活、科学前沿的距离。这套书能帮助你充分理解和熟练掌握课本知识。

金属有故事

### 图解

这部分是对学科知识清晰而简单的提炼，你可以反复阅读，加深记忆，或者抄写、复印、剪贴到自己的笔记本上。

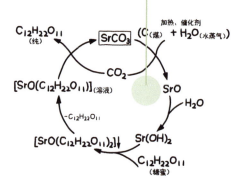

$$C_{12}H_{22}O_{11} \;(纯) \qquad SrCO_3 \qquad (C \;(煤)) \xrightarrow{加热、催化剂} + H_2O \;(水蒸气)$$

$$CO_2$$

$$[SrO(C_{12}H_{22}O_{11})] \;(溶液)$$

$$SrO$$

$$H_2O$$

$$-C_{12}H_{22}O_{11}$$

$$[SrO(C_{12}H_{22}O_{11})_2]\downarrow$$

$$Sr(OH)_2$$

$$C_{12}H_{22}O_{11} \;(糖蜜)$$

锶法制糖流程图。氧化锶与蔗糖能以不同配比结合成多种化合物，图中仅表示了1∶2结合后的流程。

1849年，法国化学家首先注册了锶法制糖的专利。这项工艺在1869年被带入德国，之后被德国化学家卡尔·谢布勒改良。碳酸锶矿石在存在水蒸气的环境下煅烧后可以获得氢氧化锶。将氢氧化锶加入接近沸腾的糖蜜里，它就会和蔗糖反应生成难溶于水的蔗糖酸锶。虽然难溶于水，但是蔗糖酸锶可以溶解在氢氧化锶溶液里。再将二氧化碳通入其中，就可以还原成蔗糖溶液和碳酸锶沉淀。这样，在提取蔗糖的同时，大部分锶仍然可以循环使用。

对大多数糖厂来说，这项工艺不甚划算，**还不如把糖蜜直接拿去当饲料或是酿酒**。不过，德国本身有丰富的锶矿，因此谢布勒强烈推荐糖厂使用这项技术增加糖的产量。在第一次世界大战之前，甜菜制糖每年会使用10万~15万吨氢氧化锶。直到20世纪初，这项工艺仍在使用，不过用的是更廉价易得的钙而不是锶。

糖蜜是制作朗姆酒的主要原料。

### 正文文章

在阅读文章的过程中，你就会发现课本里的知识不再是冷冰冰的一道道题，比如学习摩擦力，你可以从沙堆、混凝土大坝，甚至指纹里找答案；学习排列组合，你可以在宿舍中找例子；学习季风，你可以和诸葛亮、曹操"聊聊天"……其实课本知识就在身边！

是不是跟你想的不太一样……没错,这勺沥青一样黑乎乎的黏稠液体就是糖蜜了。

锶的另一种常见的用途是制造烟花,烟花绚丽的色彩主要利用了金属的**焰色反应**。当金属及其盐类燃烧时,原子中的电子吸收了能量,会由能量较低的轨道跃迁到能量较高的轨道上,但是这些电子并不稳定,很快就会以光子的形式辐射出来。由

焰色反应是因为原子中电子能量的改变而产生的,它是一种物理变化。

于它们的能量变化各不相同,所以不同金属燃烧时发出的光的颜色也各不相同。例如铜元素燃烧是绿色的,钠元素燃烧是黄色的,铯元素燃烧是浅紫色的,而红色的烟花,则是放入了锶盐之后的结果。

随着科技的发展,锶的用途也在不断变更,只有制作烟花这一用途从古至今一直没变,它鲜红的焰色反应在夜空中一直都格外动人。

 **知识点**

很多金属或它们的化合物在灼烧时都会使火焰发出特殊的颜色,这在化学上被称作焰色反应。

69

11

# 目录

# 力是什么？它从哪儿来？

■ 孙正凡

是什么导致了物体位置随时间的变化？不同的思考会给出不同的解释。比如，古代的巫师企图借助祭祀仪式获得大自然的"魔力"，或者平息"上天愤怒"而降下的灾难，但无论巫师祈祷得多么起劲儿，显然也是无济于事的。当哲学家们开始认真思考究竟是什么导致了物体位置随时间的变化时，"力"这个词就从生活里的"使劲儿"转变成了物理学上的**作用力**。

早期力学研究的代表人物是古希腊伟大的哲学家亚里士多德。在哲学巨著《物理学》里，亚里士多德讨论了各种自然现象及其背后可能的规律，只是他对力的解释更贴近直觉和经验，认为"力"仅限于直接推动或拉动物体的情形，把力视为运动发生的原因，从而犯了一些幼稚的错误，但他的讨论开启了"力"这个科学概念。

> 一个物体对另一个物体施力时，另一个物体也同时对它施加力的作用。物体间力的作用是相互的。两物体间通过不同的形式发生相互作用，如吸引、相对运动、形变等而产生的力，叫作作用力。

最直观的力：直接接触产生的力。

在物理学中,力用符号 F 表示,它的单位是牛顿(Newton),简称牛,符号是 N。托起两个鸡蛋所用的力大约是 1N。

另一位对"**力**"的概念的形成有重大贡献的是古希腊科学家阿基米德。他曾经师从《几何原本》的作者欧几里得,从而精通数学,对于静力学、机械学的基本原理给出了严格的数学证明。他花费了大量的时间从事科学研究,在数学、力学和机械等方面有很多贡献,比如提出了浮力定律、杠杆原理等。他曾经设计出精巧的机械,让一个人可以在陆地上拉动一艘大船。阿基米德曾留下一句名言:"只要给我一个支点,我就可以撬起地球。"实际上,"力学"(mechanics)这个词就来源于古希腊科学里的"机械"(mechanism)。

$$万有引力 \ F = \frac{GMm}{r^2}$$

17世纪初,伽利略、开普勒等科学家通过定量分析、实验等科学方法,逐渐发现了亚里士多德理论中的错误,比如发现了摩擦力和惯性,指出天体运动也需要力的作用,从而大大拓展了力的概念范围。1687年牛顿发表的《自然哲学的数学原理》中"牛顿运动三大定律"和**万有引力**的发现,建立了独立、系统、精密的力学,开启了"牛顿力学"对物理学的统治。在接下来200多年里发展起来的"经典力学",从宏观角度解释了力、热、声、光、电等许多现象,成为物理学的代名词。牛顿经典力学的发展,使人们第一次真正掌握了物质的秘密,从而拥有了改天换地的力量,为大工业时代层出不穷的科技发明奠定了科学基础。

"力"和物理学的发展还在继续。20世纪初,量子力学的诞生使力的概念拓展到了微观世界,增加了强力、弱力这两种只作用在原子核范围内的基本作用力。至此,人们已经发现了**万有引力、电磁力、强力和弱力**。现代天文学中暗物质、暗能量现象的发现,也许预示着力的概念还需要进一步拓展。

这四种力后被称为自然界的四种基本力。

随着力学研究范围的拓展,对于力的本质的认识也不断

力

$$\nabla \times H = J + \frac{\partial D}{\partial t}$$

$$\nabla \times E = -\frac{\partial B}{\partial t}$$

$$\nabla \cdot B = 0$$

$$\nabla \cdot D = \rho$$

深入并逐步得到统一。比如英国物理学家詹姆斯·麦克斯韦在19世纪写出的**电磁学方程组**，统一了电和磁，并且预言了电磁波的存在，进而推论出光也是电磁波的猜想；随着对原子、分子和基本粒子认识的深入，人们发现物质之间的接触力（比如推拉作用），本质上是电磁力或电磁力的残余。1967年，物理学家又发现电磁力和弱力是同种作用力的不同表现形式，从而发展出了电弱统一理论。今天仍有许多物理学家致力于寻找一个"终极理论"，统一物理学上所有的"作用力"。

力既可以很抽象，也可以很具体。今天我们走路时，会感受到亚里士多德、伽利略、牛顿等科学家讨论的力，特别是爬山、上楼时感受到的引力；我们能够看到缤纷多彩的世界，是由于电磁力帮我们俘获了光线；构成我们身体的一切原子、分子，随时都得需要强力、弱力作用才能存在。无论是否能感受到，这些力都对我们的世界产生了至关重要的影响。

 **知识点**

牛顿运动定律适用范围属于经典力学范围，适用条件是质点、惯性参考系以及宏观、低速运动问题。它阐释了牛顿力学的完整体系，阐述了经典力学中基本的运动规律，在各领域中都有广泛应用。

# 三位大咖的千年接力

■ 孙正凡

　　我们周围的一切都在变化和运动。怎么去定义、描述和量化这些运动，曾经让很多哲学家和科学家费尽了心思，也无意中掉进过许多的"坑"，用了两千多年时间才爬出来。

　　两千多年前，以亚里士多德为代表的古希腊哲学家们看到，天界的运动周而复始，具有近乎完美的周期性；但在我们居住的地方，运动却相当复杂和混乱。出于对圆周的喜爱，他们认为天上物体的运动是完美的圆周运动，不需要外力的作用。而在地球上，物质的分布是不完美的。

　　**他们是这样解释重力的：土和水的"自然本性"位置在下方，所以重的东西总是往下掉，气和火的"自然本性"是往上方走，所以轻的东西总往上飘**。那么水平方向呢？亚里士多德认为，如果物体要运动起来，就需要受到力的作用，一旦失去力的作用，物体就静止下来了——也就是说，力是维持物体运动的原因。

　　亚里士多德这个想法似乎很符合生活常识。比如，走路和骑自行车都需要用力，同时，生活中的物体有动和静两种状态，运动和力相关联。如今我们知道，亚里士多德犯了一个错误，他忽视了一些力的作用，比如无处不在的**摩擦力**（在天体运动中就近似不存在摩擦力了）、物体之间的引力。亚里士多德对

摩擦力（friction）指两个表面接触的粗糙物体相对运动或存在相对运动的趋势时阻碍它们的相对运动的力，是经典力学的一个名词。广义地，物体在液体和气体中运动时也受到摩擦力。

力的分析是不完全的,因而对运动的理解也不够准确。

17世纪,伽利略发现了摩擦力的存在。小球在水平面上运动,水平表面越光滑,小球滚动得就越远。伽利略由此获得推断,如果没有摩擦阻力,小球将会永远滚下去,并且保持速度不变;也就是说,亚里士多德错了,力不是维持物体运动的原因,**力是使物体运动状态改变的原因**。

> 物体由静止开始运动或由运动变为静止,物体运动的快慢或方向发生改变,这几种情况都叫作"物体的运动状态"发生了变化。

牛顿进一步研究了伽利略的发现,总结成了牛顿第一运动定律,也就是惯性定律,提出了运动的惯性参考系:任何物体都要保持匀速直线运动或静止状态,直到外力迫使它改变这种运动状态为止。也就是说,任何物体总是倾向于保持静止或者匀速直线运动状态,这就是我们今天说的"惯性"。

生活中的惯性无处不在。紧急刹车的时候,汽车迅速停下了,但是乘客的身体却由于保持高速运动而向前倾,所以需要让安全带保护身体免受惯性造成的身体撞击。

有人认为,惯性定律是牛顿第二运动定律中加速度等于0的特殊情况,因此惯性定律是多余的,其实并非如此。惯性定律的重要性,在于它纠正了历史上的错误"常识",建立起人们对运动和力的关系的科学认识。牛顿用惯性定律建立了惯性参考系,在惯性参考系中,才可以应用第二运动定律和第

中国上海磁悬浮龙阳路站。

三运动定律。所以牛顿第一运动定律可以说是牛顿第二运动定律和第三运动定律得以存在的前提。

亚里士多德忽视了摩擦力。如果真的可以忽略摩擦力，也就可以利用惯性了。磁悬浮列车用磁场把列车抬起来，消除了地面和列车之间的摩擦力，因此可以用较少的能量让列车在惯性作用下保持高速运行。有科学家设想，如果能够搭建真空隧道，那么连空气阻力也没有了，就可以获得更高的速度。

航天员在舱外活动时，必须拴上保险绳索。因为真空环境里没有阻力，一旦脱离飞船，哪怕航天员速度很低，也会由于惯性一直向宇宙深处飘去。这正是科幻电影《地心引力》描绘的悲剧。

 **知识点**

牛顿运动三定律是由英国物理学家牛顿在1687年于《自然哲学的数学原理》一书中总结提出的。

牛顿第一运动定律（也称惯性定律）：任何一个物体在不受外力或受平衡力的作用时，总是保持静止状态或匀速直线运动状态。它说明了力的含义：力是改变物体运动状态的原因。

牛顿第二运动定律：物体的加速度跟物体所受的合外力成正比，跟物体的质量成反比，加速度的方向跟合外力的方向相同。它指出了力的作用效果：力使物体获得加速度。

牛顿第三运动定律：两个物体之间的作用力和反作用力，在同一直线上，大小相等、方向相反。它揭示出力的本质：力是物体间的相互作用，以及一对相互作用力之间的关系。

# 用这种方法找重心，简单！

■ 邵壮

任何一种物体都有重心，当我们分析某个物体受到的重力的作用时，可以认为各部分受到的重力作用集中于一点，这一点叫作物体的重心。控制重心在建筑设计、运动姿势、船舶及飞行器设计中都有很重要的意义。理解重心这一概念时，可以用二次悬挂法找到（甚至"摸到"）物体的重心。

当一个具有规则形状的物体（例如三角形、四边形等）且质量分布均匀时，该物体的重心位于其**几何中心**，这时我们就很容易判断其重心的位置。

二维平面上，一个图形的几何中心或形心是将这个图形分成面积相等的两部分的所有线的交点，即它是图形中所有点的平均。

当物体形状不规则或质量分布不均匀时，可以用"二次悬挂法"测出其重心，具体操作如下。

步骤1：用细线连接物体的某一点，悬挂物体，沿着细线在物体上确定一条直线。

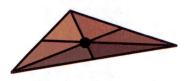

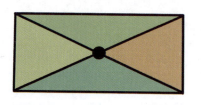

三角形的重心位于三条边中线的交点，长方形重心位于对角线的交点。

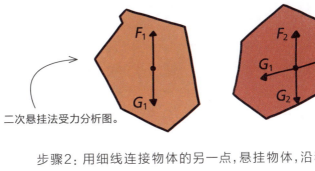

二次悬挂法受力分析图。

作用在同一物体上的两个力，如果大小相等、方向相反，并且在同一条直线上，这两个力就彼此平衡。物体处于静止或匀速直线运动状态，我们就称物体处于平衡状态。处于平衡状态的物体所受的力叫作平衡力。

步骤2：用细线连接物体的另一点，悬挂物体，沿着细线在物体上确定另一条直线。

步骤3：确定两条直线的交点，即重心。

"二次悬挂法"用到了**二力平衡**的条件，如上面左图是第一次悬挂时的受力图，物体悬挂稳定后，拉力$F_1$与重力$G_1$大小相等，方向相反，根据重心的定义可以知道，此时重心一定在重力$G_1$的作用线上；同理，当我们换一种方式悬挂的时候，重心也在重力$G_2$的作用线上，而两条相交的直线只能确定一个点，所以通过两次悬挂得到的交点正是我们所要找的物体的重心。

二次悬挂法的原理并不复杂，不过实操起来还要费些心思。你找一个扁平但形状不规则的物体，在脑海中构思一下，如果要仿照上面的方法找它的重心，要准备哪些材料、设计怎样的流程？如何检验重心定位是否准确？

**步骤1**

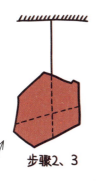

**步骤2、3**

二次悬挂法步骤。

### 知识点

地球吸引着物体的每一部分。但是，对于整个物体，重力作用的表现就好像它仅作用在一个点上，这个点就是重心。也就是说，如果支起了重心，就能支起整个物体。

# 煮饺子为什么不翻身？

 沐右

新年吃水饺，十五煮汤圆。煮汤圆的时候，可以看到汤圆在水里不停地翻身打滚，但水饺在锅里却安静得多，基本上不动，只是偶尔会翻个个儿。这是为什么呢？

对于一个漂浮在水上，或者是悬浮在水中的物体来说，**重心**的位置越高，物体本身的重力势能就越大，因此这类物体总是倾向于让重心的位置更低一些。水面上的篮球很容易转动，但扁平的小船即使在一定的风浪中下也不会翻。煮汤圆或者水饺的时候，锅里的开水咕嘟咕嘟地沸腾，不断地给汤圆提供随机的力矩，只要它们的重心位置利于转动，很容易就会翻个儿。

> 物体的每一微小部分都受地心引力（即万有引力）作用，物体各部分所受重力之合力的作用点称为重心。

甜甜糯糯的汤圆还会"翻筋斗"。

汤圆："看我翻呀翻！"
饺子："我怎么翻不动？"

现在的问题就是，它们的重心位置究竟如何。让我们看看汤圆和饺子的结构。如上图所示，汤圆近似于一个球形结构，有着很强的对称性。这使得汤圆在转动的时候，重心几乎没有变化，所以一个很小的力矩就会让它转动起来。

饺子复杂的结构决定了它的物质分布不均匀，重心的位置也相对较为靠近有馅的一侧。单个的水饺放在锅里的时候，自动选择了重心最低的位置。要让水饺翻转，势必需要提升饺子的重心，这就需要一个很大的力矩，并且即使转上去也是一个不稳定的状态。再说，水饺的形状使得它转动时需要排开一定的水，这就使得翻转更加困难了。

**知识点**

"力矩"是描述力对物体产生转动作用的物理量，单位为牛·米（N·m）。

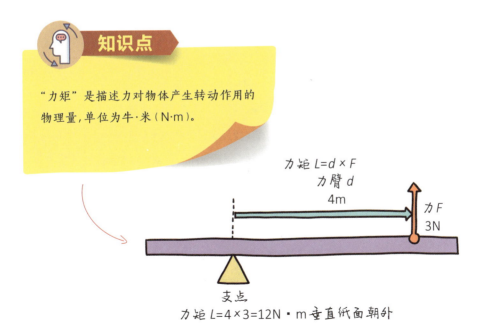

力矩 $L = d \times F$
力臂 $d$
4m
力 $F$
3N
支点
力矩 $L = 4 \times 3 = 12$ N·m 垂直纸面朝外

# 奔向星辰大海的旅行者

■ 赵洋

在人类不算太长的航空航天史上，飞得离地球最远的人造飞行器是哪一个呢？

答案非旅行者号探测器（Voyager）莫属！

2013年9月，出发36年，旅行者1号航程187亿千米。科幻小说《银河英雄传说》中的豪言："我们的征途是星辰大海"，用在一往无前的"旅行者"身上再贴切不过了。

在电影《后会无期》中，有一个主角说他的偶像是旅行者。"你们的偶像是明星，而我的偶像是卫星"听起来非常励志，但还是犯了一个错误，"旅行者"不是卫星，而是太空探测器（space probe）。

旅行者1号和旅行者2号是一对孪生探测器，都于1977年发射升空，如今它们都飞行在太阳系的边缘地带。它们的探测路线是经过精心设计的。科学家利用当时**"行星连珠"**的机会，使探测器可以在最短的时间内、用最少的燃料实现对木星、土星、天王星和海王星逐一拜访。这样的机会，每隔175年才有一次。

由于旅行者号探测器能飞出太阳系，科学家还交给它代表人类与"外星人"交流的重任。两艘旅行者号探测器各自携带一张"地球之音"唱片，由镀金铜板和金刚石唱针构成，可在太空中保存十亿年。

> 行星连珠即某几颗行星恰好运行到太阳同一侧的大致同一直线上。当时，木星、土星、天王星和海王星四星连珠，使得旅行者号探测器用了12年就把它们都拜访了一遍。

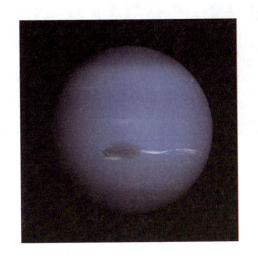

1989年旅行者2号
拍到的海王星。

唱片里包含115幅照片（包括长城）、多种自然界的声音、55种语言的问候语和总长90分钟的各国名曲（包括古琴曲《高山流水》），附有播放方法的说明以及用14颗脉冲星定位的太阳系位置。时任美国总统卡特的致辞也在其中。"这是一个来自遥远的小小星球的礼物，它是我们全部声音、科学、影像、音乐、思想和感情的缩影。我们正努力延续自己的岁月，希望有朝一日能与你们同在。"

光在真空中传播的速度是 $3×10^8$m/s，算一算，旅行者1号离地球已经多远了？

旅行者号探测器代表了20世纪70年代的最高科技水平。每个旅行者号探测器重721.9kg，由6.5万个零件组成，其中有105kg是科学探测仪器的重量。目前，旅行者1号传回的信号以**光速**传播也要走17个小时以上才能抵达地球。飞得稍慢的旅行者2号传回信号也要14个小时以上。

惯性定律也叫"牛顿第一定律"，说的是"一切物体在没有受到外力的作用时，总保持静止状态或匀速直线运动状态。"

这个人类利用20世纪70年代的技术制造的脆弱物体，竟然能够抵达如此遥远的空间，实在让人感到不可思议。其实，旅行者号探测器能飞这么远、这么快，这全靠"惯性"帮忙。飞船与助推火箭分离后，在没有其他力量"拉后腿"的情况下，将保持原有速度向前飞行。这就是**惯性定律**在起作用。

最后，我们来看看旅行者号娇小而伟大的身影。

旅行者号上并没有火箭发动机。它们先靠助推火箭飞出地球大气层，得到一个初速度，再靠木星等大行星的引力加速到第三**宇宙速度**（16.7km/s），之后全靠惯性飞行，从而脱离太阳系。

> 宇宙速度是指物体从地球出发，要脱离天体引力场的4个较有代表性的初始速度的统称。第三宇宙速度指探测器能够脱离太阳系所需要的速度。

除非遇到**大质量天体**让它改变轨道，或者撞上其他物体被摧毁，旅行者号由于具有惯性，沿着既定的轨道方向继续飞行。以目前旅行者号的速度，不出意外的话，还要几万年才能飞到距太阳最近的恒星。

> 大质量的天体引力也大。宇宙间的物体，大到天体，小到尘埃，都存在互相吸引的力，这就是万有引力。

2017年11月28日，NASA唤醒了旅行者1号的4个备份轨道校正推进器，测试了其使用10毫秒脉冲定位飞船的能力。截至2018年1月2日，旅行者1号处于离太阳211亿千米的距离。预计到2025年，旅行者1号将没有足够电力供仪器使用，它将沉默地飞向深空，期待着被另一个文明发现。

 **知识点**

宇宙间的一切物体都是相互吸引的，两个物体间万有引力的方向在它们的连线上，万有引力的大小跟它们的质量的乘积成正比，跟它们之间的距离的二次方成反比，其数学表达式为 $F=G\dfrac{m_1m_2}{r^2}$ ，式中$m_1$、$m_2$分别是两个物体的质量，$r$为两个物体之间的距离，$G$为引力常数。

# 太阳系最强弹弓

■ 牟刚

**机械能**的转移和转化有很多实际应用。古代的战争中，人们就知道在高处投射武器（如巨石、箭矢等）能够有更多的重力势能转化为**动能**，从而增加了武器的威力。到了现代，人们在大江大河上建造的水电站，将水的重力势能转化为动能，从而带动发电机运转。机械能的转移转化在太空探测方面也有巧妙的应用，比如著名的"引力弹弓效应"。

1977年8—9月，美国航天局相继发射了旅行者2号和旅行者1号探测器（旅行者2号先于旅行者1号发射），利用行星的"引力弹弓效应"来大幅提高航行速度，从而达到了节省燃料和时间的目的。其中，旅行者2号只用了12年即到达了遥远的海王星，而走常规路线，据说需要30年。那么，"引力弹弓效应"到底是什么原理呢？

> 机械能是重力势能、弹性势能与动能的总和。

> 物体由于运动而具有的能叫作动能。

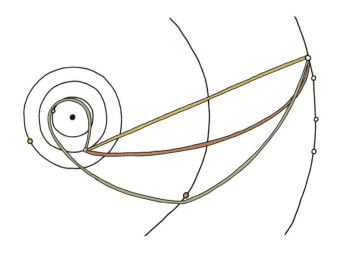

从地球（图中位于第2条黑色圆轨道上）到土星（位于最外侧）的3条轨道。笔直的黄色轨道事实上是最耗费燃料的，需要持续燃烧才能使飞船走直线。利用了金星（第1条轨道）、木星（第4条轨道）的两次引力弹弓效应的绿线反而是最节省燃料的。

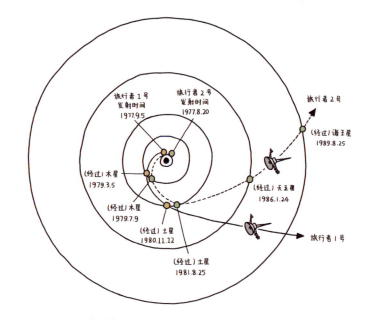

旅行者1号（实线箭头）与旅行者2号（虚线箭头）的飞行轨迹。

当飞船的速度足够大时，将沿着双曲线轨道接近行星。我们考虑飞船与行星大体相向而行的情况，以该行星为参照物来看，飞船在刚靠近行星（A点）和即将离开行星（B点）时，与行星的距离是一样的，因而具有一样的**重力势能**；同时相对于行星的速度大小也近乎不变，但是方向发生了很大的偏转，如图中的箭头所示。

如果以太阳为参照物，行星本身也有围绕太阳运动的速度，飞船相对于太阳的速度将是飞船相对于行星的速度与行星的本身速度的合速度，我们可以用平行四边形法则来计算。由于两个速度在A点的夹角为钝角而在B点为锐角，因此B点的合速度将显著大于A点。这就是"引力弹弓效应"对飞船加速影响的原理。

> 物体由于重力作用而拥有的能量叫作重力势能。物体的质量越大，高度越高，它具有的重力势能就越大。

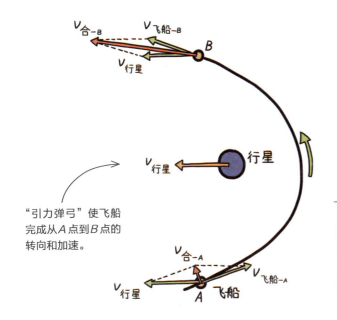

$V_{合-B}$   $V_{飞船-B}$

$B$

$V_{行星}$

$V_{行星}$   行星

$V_{合-A}$   $V_{飞船-A}$

$V_{行星}$   飞船

$A$

"引力弹弓"使飞船完成从$A$点到$B$点的转向和加速。

质量相同的物体，运动的速度越大，它的动能越大；运动速度相同的物体，质量越大，它的动能也越大。

　　这里有一个问题，既然飞船在$A$点和$B$点时，重力势能是一样的，那么"引力弹弓效应"加速后多出来的那部分**动能**是从哪里来的呢？原来，这部分多出来的动能是从行星身上转移过来的。飞船在从$A$点运动到$B$点的过程中，行星的运动速度会有所减小。不过，行星的质量远超飞船，行星的动能也远超过飞船，相应的速度减小几乎可以忽略。

　　以上考虑的是飞船与行星大体相向而行的情况。如果反方向的话，"引力弹弓效应"将对飞船起到减速的作用。飞船在进入行星轨道、需要减速的情况下，这种作用也是很有效的。

 **知识点**

　　动能定理：合力对物体所做的功等于物体动能的变化。若用$E_{k2}$表示物体的末动能，$E_{k1}$表示初动能，则动能定理可以表示为$W=E_{k2}-E_{k1}$。

# 从4万米高空自由落体

■ 王天宇

说到**自由落体**，相信多数老师在讲课时会随手掏出一物，一松手，"看，这就是自由落体。"

自由落体是指常规物体只在重力的作用下，初速度为零的运动。

重力加速度$g$有点大，导致物体下落时间很短。哪怕老师的个子再高，站在桌子上抬胳膊演示，我们也只能看到大约0.9s的自由落体运动。

于是就有人问了，我想让时间久点，最多能落多久呢？想一想，其实很简单，根据公式：$h=\frac{1}{2}gt^2$。

下落高度越高，时间越长。那么，不如我们来看一项著名的极限运动——高空跳伞。人类能做到的最高的高空跳伞有多高呢？

2012年，菲利克斯·鲍姆加特纳的震撼一跳在某视频平台上吸引了超过800万人观看——他从39045m高空跳下，成了第一个不借助外力速度突破音速的人，也创造了最高乘气球飞行、最高跳伞和最快自由落体降落的三项

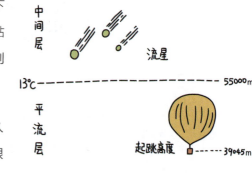

中间层
流星
13℃ —— 55000m
平流层
起跳高度 —— 39045m

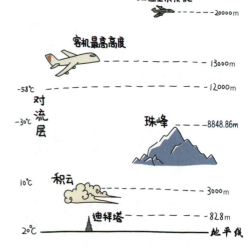

U2高空侦察机 —— 20000m
客机最高高度 —— 13000m
-58℃ —— 12000m
对流层
-30℃
珠峰 —— 8848.86m
10℃ 积云 —— 3000m
迪拜塔 —— 828m
20℃ 地平线

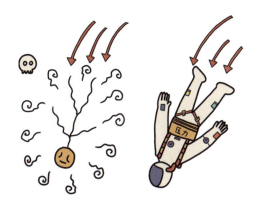

纪录（目前最高飞行跳伞纪录已被阿兰·尤斯塔斯以41419m
打破）。

4万米高空是什么概念？

**大气**的最底层，也就是我们生活的对流层，厚度平均为
12km，和我们息息相关的所有天气现象都发生在这里，在此
圈层中，海拔平均每上升100米，气温下降0.65℃。

大气层从下到上
分为对流层、平流
层、中间层、热层(电
离层)和外大气层。

从对流层再向上是平流层，平流层顶部离地表约55km。
这里没有云，几乎没有水汽，天气晴朗，由于有臭氧吸收紫外
线，所以越向上温度反而越高，大气以水平运动为主，非常平
稳。坐飞机的话，一般都会上升到对流层顶、平流层底。这也是
为什么飞机除了起飞、降落之外，其余时间航行都非常平稳。

一般来说，客机的最大巡航高度只有1万多米，高空侦察
机也只能上升到2万多米。而4万米的高度，已经是平流层的中
上层了，是名副其实的天空边缘。

# "自由落体"有哪些危险？

4万米高的平流层，最要命的是气压。因为气压和温度不同，随着高度上升，空气是越来越稀薄的。我们知道气压越低，水的沸点也就越低。到了2万米左右，接近真空的气压会让水的沸点降到37℃。所以在4万米的高度上，人的体液会沸腾蒸发，鲍姆加特纳必须穿定制的增压服，才能安全到达起跳高度。

气压问题能靠增压服解决，但自由落体时的水平螺旋也同样危险。不会控制姿态的跳伞者会在空中像风车一样旋转，体内的血液被甩到头和脚，大脑会因为高血压而失去意识。因为身穿密闭的增压服，鲍姆加特纳感受不到气流，加上稀薄的空气无法帮助减速，所以他无法从容控制身体的姿态，一旦发生无法控制水平螺旋的情况，后果将不堪设想。

幸运的是，这次创纪录的自由落体有惊无险地完成了，鲍

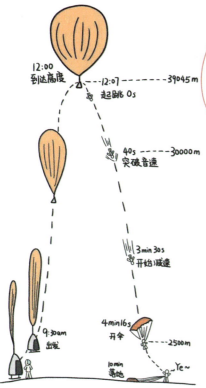

声音在空气中的传播速度约为 340m/s。

姆加特纳采用了头朝下、两臂后掠的三角形姿态下落。40s后，在30km的高度，他的速度到达顶峰——1342km/h，约等于当地气温下**声速**的1.1倍，成了第一个不借助动力突破音速的人。3分30秒后，鲍姆加特纳的速度开始下降，4分16秒时，开伞。起跳10分钟后，他安全落地，完成了这一伟大壮举。

为什么他会在3万米处达到最高速度，之后又减速了？这是因为大气层中有空气阻力的存在，下落过程并不完全符合我们学到的"自由落体"。由于高空大气密度非常小，加速很容易。但随着落体速度不断加快，空气阻力也不断上升，让他在达到音速的1.1倍极限后无法再提升。随着高度降低，空气密度增加，他的速度开始下降。打开降落伞后阻力进一步增大，从而安全落地。

 **知识点**

大气压随海拔的增高而降低，水的沸点随大气压强降低而降低。不计空气阻力的情况下，自由落体运动是初速度为0，加速度为g的匀加速直线运动。

# 接住狗狗的正确姿势

■ 咖喱

　　如果有一天，邻居王叔叔家养的小狗太过顽皮，不小心从楼上的窗口坠落，而王叔叔刚好回家，走到楼下，一把接住了它，小狗转危为安，皆大欢喜。

　　在接住它的一瞬间，王叔叔需要对小狗施加一个向上的力（下图中$F_1$），使它停止下坠运动，转变为静止状态。由于力的作用都是相互的，王叔叔也会受到小狗所施加向下的力（下图中$F_2$）。

　　除了改变物体运动状态，力的另一个主要作用是改变物体

速度$v$，
小狗质量$m$，
以重力加速度$g$加速下落

$G=mg$

$F_1$：王叔叔给小狗的力，让小狗停止下坠

$G=mg$

$F_2$：小狗给王叔叔的力，可能使王叔叔受伤

作用力等于反作用力，所以：$F_1=F_2$

接住小狗受力示意图，咖喱设计。

34

的形状。如果王叔叔受到的力$F_2$太大，王叔叔的状态就会随之剧烈变化：他的手臂可能会折断，整个人可能会被狗压在地上，如果不幸被小狗砸到头，甚至可能会有生命危险。

那么，我们应该如何判断这个力的大小，判断接住这只小狗是否会使自己受伤，从而决定是否要去接小狗呢？

## 如何判断力的大小？

质量越大或运动速度越大，物体的动能也就越大。

**一个物体运动得越剧烈**，要使它停下来所需的力也就越大。也就是说：

若物体做匀加速直线运动,两个计算速度的公式:

$v=v_0+at$

$v^2=v_0^2+2aS$

其中 $v$ 为末速度,$v_0$ 为初始速度,$a$ 为加速度,$t$ 为时间,$S$ 为距离。在初始速度和加速度一定且方向相同的情况下,运动时间越长,距离越长,末速度越大。

第一,在力的作用或时间相同的前提下,小狗越重,接住它所需的力就越大。如果掉落的是金毛或者哈士奇这种大型犬,最好不要接。

第二,在掉落的过程中,小狗在自身重力的作用下不断加速,它掉落的楼层越高,在接近地面时的**速度就越大**,要接住它也就更加危险。如果小狗掉落的楼层超过4层,我们就不建议王叔叔接了。(假设4楼的窗口高度为10m,小狗体重5kg,要在0.1s内接住它并使其速度降为0,**计算可知**:接住小狗所要承受的力约为700N,相当于一名成年男性受到的重力。)

用上面的速度计算公式先算出小狗落到地面时的速度,再算出王叔叔将小狗速度变为零所需要的加速度以及力。

此外，小狗从运动变为静止的这一过程用时越长，**所需的力就会越小**，这就是缓冲的原理。在营救高空坠楼者时，消防队员常常会在楼下布置一个柔软而有弹性的充气垫，就是为了延长减速所需的时间，从而减少坠楼者受到的冲击力和伤害。所以，如果王叔叔已经决定要去接小狗，他最好在接住小狗的时候顺势下蹲，将接小狗的时间稍稍延长，从而减小危险。

曾经有一个发生在巴西的接下坠小狗的故事。楼下的人们用床单作为缓冲，最后人和小狗都安然无恙。

## 如何判断接小狗时自己是否会受伤？

同样大小的力，作用在不同的物体上也会产生不同的效果。

王叔叔的骨骼、肌肉都要比未成年人更加强壮，他接住一只狗或许问题不大，但一个未成年人要接住同样的一只狗，就有受伤的可能。所以，一般情况下，我们都不建议未成年人去接从楼上坠落的东西。

根据 $\vec{F} = \dfrac{\Delta \vec{P}}{\Delta t}$，在物体动量变化量 $\Delta \vec{P}$ 相同的前提下，$\Delta t$ 越大，$\vec{F}$ 越小

此外,人体不同部位的抗击打能力也有很大的不同。王叔叔用手臂接狗可能安然无恙,但若是被狗砸中头部,却可能十分危险。

## 被接住的小狗会怎样?

对于这只不幸的小狗,直接落在地上和被人接住会有怎样的不同?

这个问题的关键依旧是"缓冲"。对于小狗来说,直接摔在水泥地上的减速时间极短,将会受到巨大的冲击力。而被人接住——无论这个人接的是不是有技巧,是直接接住了,还是只挡了一下,**小狗的减速时间都会被延长,它受到的伤害都会减少**。

换句话说,接狗的勇士扮演了狗狗的"缓冲垫"。

同理,跳水运动员从很高的地方跳下却不会受伤,就是因为入水后力的作用时间很长,人受到的平均作用力很小。

**知识点**

力是物体与物体之间的相互作用,在人与狗相互作用的过程中,我们可以对力的作用效果有更加直观的认识:作用在同一个物体上的力越大,物体运动状态的改变就越大,或物体形状的改变也越大。

# 失重的生活是什么样的?

■ 庞蜜

地球上所有的物体时时刻刻都受到**重力**的作用,重力的存在使我们被禁锢在地球表面已经长达几万年。虽然我们已经掌握了载人航天技术,但对地球上的绝大多数人来说,重力像一条无形的绳索将我们牢牢地拴在了地表附近。

如果没有重力,我们的生活是不是更自由美好呢? 轻轻蹬一下腿,就能像鸟儿似的拥抱蓝天;走起路来也毫不费力;即使从几百米的高楼上跳下去也会毫发无损。

然而事实是我们的身体已经适应了地表的重力。如果重力突然消失,生活起居都会变得困难重重。空间站就是这样一个地方。

没有**重力**,早上起来没办法用盆盛水,因此航天员们只

> 由于地球的吸引而使物体受到的力叫作重力(gravity),通常用字母 G 表示。重力跟质量的关系可以用公式 $G=mg$ 表示。$g$ 为比例系数,$g=9.80665N/kg$。

> 重力的方向是"竖直向下"。失去重力,一切都会有点"飘"。

航天员在空间实验室能摆出地球上无法想象的姿势。图片来源:中国航天员中心。

能用湿巾擦脸。刷牙则需先从水袋里往空中挤一大滴水，快速用牙刷蘸上，而且不能吐漱口水，因为这个动作会让水滴飘在空气里，刷完牙还不能漱口，只能将牙膏一口吞下去。不过放心，他们的牙膏是可食用的。洗澡时，则要钻进密封的大袋子里，尽量不让一滴水跑出来。

空间站的厕所比我们日常使用的厕所复杂很多，配有操作面板，不管是粪便还是尿液，都需要分门别类地收集起来，净化后循环利用或回到地球再做处理。

在空间站吃饭不能用盘子或者碗来装，食物都是在地球上密封好带上去的，为了避免它们乱飞，要用绳子固定好。

需要休息的时候，不需要床，可以采取任何姿势，闭上眼睛直接就睡觉。不过为了防止睡着后飘来飘去，必须钻进固定好的睡袋里。

看起来很好玩吧？实际上航天员描述的太空生活，有很多苦中作乐的成分。经过漫长的演化，我们的身体已经习惯了重力，失重会导致体液过多地向身体上部聚集，破坏人体内原本的环境，让味觉和嗅觉发生变化，还会伴有头昏脑涨、鼻子堵塞、眼压增大等不舒服的感觉。

太空自行车，得稍微"改装"一下。图片来源：中国航天员中心。

由于无须克服重力，站立、行走都没有了"负重"，时间长了会导致严重的肌肉萎缩和骨质流失，因此健身是空间站对航天员的硬性要求。当然太空中的锻炼器材也得是专用的，依赖重力的锻炼项目都变得毫无用处——你可以轻松举起最重的哑铃，这会让你成就感十足！

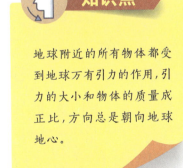

**知识点**

地球附近的所有物体都受到地球万有引力的作用，引力的大小和物体的质量成正比，方向总是朝向地球地心。

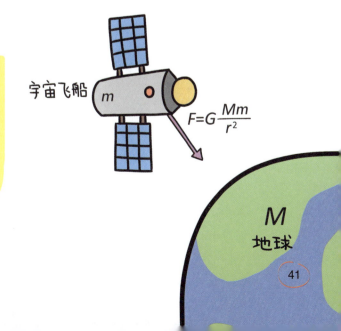

宇宙飞船 $m$

$$F = G\frac{Mm}{r^2}$$

$M$ 地球

# 随风摆动的楼房

■ 刘旸

任何物体都有弹性。钻石或者钢铁很坚硬，其实只是**弹性**很小而已。就连你现在所处的高楼，也在风中晃动。完全没有弹性的物体只是物理上的完美设想。

> 某些物体在受力时会发生形变，不受力时，又恢复到原来的形状，物体的这种性质叫作弹性。有些物体，如橡皮泥，形变后不能自动恢复到原来的形状，物体的这种性质叫作塑性。

现在的高层建筑，一般是钢筋混凝土和纯钢结构。钢筋混凝土发明于1850年前后。钢铁冶炼技术也在同一时期有了快速发展，使得钢材可以作为建筑材料。

钢筋混凝土是一个充满智慧也很简单的发明，里面的两种成分，承担了不同的功能。其中，混凝土承受**压力**，再加入很少的钢筋来承受拉力，这样就很经济实惠了。具体而言，就是在承受压力的部分用混凝土，在承受拉力的部分放置钢筋。

> 压力和拉力实际上都是弹力。

在钢筋混凝土发明之前，那时少有用木材建造高层建筑物的。

## 楼房也会晃动？

无论是哪种建筑材料，在力的作用下都会发生弹性形变。刮风的时候，楼房受到横向的风力，产生弹性形变。我们的教学楼通常比较低矮，形变程度往往只有几毫米。上海金茂大厦高达420.5m，在大风中，它的楼顶会以中心点向两旁晃动，晃动幅度能偏离中心50cm。

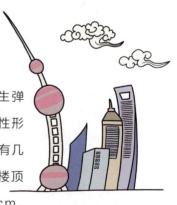

宇宙中的恒星其实都是在运动着的,只不过离我们太远了,所以夜空看上去静止不动。

地震来袭的时候,楼房也会因为地面的垂直和水平移动,而发生纵向或者横向的弹性形变。

人判断距离,很重要的机制是把自身同参照物的相对**位置进行对比**。就高层建筑而言,一般固定的参照物是其他建筑。其他建筑通常离自己所在的位置距离较远,因此自己所在的建筑发生几厘米或几十厘米的形变,人很难察觉。假如两个高楼间距只有1m,参照物就很近,楼上的人肯定能发现两栋楼间距在变化。当然现实中,不会允许建造间距这么近的建筑。

此外,人也能感知速度的变化。比如坐车的时候,当车的速度不变,我们也许判断不准车速,但如果突然加速或刹车,我们就能明显感受到。地震可以使建筑来回震动,尽管幅度可能不大,也会使人察觉。但当人处在大楼里,在风的作用下,楼虽然有形变,但因为不是来回快速地晃动,人的感知能力就不足以进行辨识了。

上海金茂大厦。

### 🧠 知识点

物体由于发生弹性形变后,为了恢复原来的形状而产生的力叫作弹力("外力"和"弹力"同时产生,同时消失,没有先后)。它的方向跟物体发生弹性形变的方向相反。通常说的压力、支持力、拉力都是弹力。

# 如何安全"摆造型"？

■ 刘旸

在比利时首都布鲁塞尔北郊，有一座由9个圆球组成的奇特建筑——原子塔（Atomium）。布鲁塞尔的这座地标性建筑，可以说是为展示技术实力而存在的。

1958年，世界博览会（以下简称世博会）在比利时举行，比利时大型冶金集团希望展示自己的技术实力，于是邀请工程师和建筑师一同接受挑战。此时，人们将重振经济的希望寄托于科学，工业和科技得到前所未有的尊敬。因此，建筑师们选择"原子"作为建筑的主题，看起来就是一件非常自然的事了。

位于比利时首都布鲁塞尔北郊的原子塔。

重力离不开

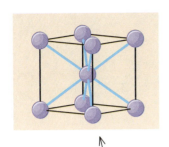

晶胞并不是"铁分子",而是晶体的结构单元。原子塔仿照了铁晶体的体心立方结构——单个晶胞包含9个原子,正方体8个顶点各一个,中心一个。

原子塔最耀眼的主体由9个金属空心球组成,每个直径18m,每个相邻的球体之间用等距金属棍相连,整个球棍结构下面,由3个脚支撑,组成了一个102m高的庞然大物。它的形态,完全模拟了铁金属晶体的一个晶胞,只不过被放大了1650亿倍。

原子塔是一幢建筑,同时也堪称一座雕塑,亮晶晶的球体映衬出蓝天,给古老的城镇带来十足的工业感。有趣的是,尽管原子塔模拟了铁晶体结构,但最初却是用铝打造的,直到2004年才换成不锈钢,名副其实地变成了一座"铁原子塔"。而"原子"这个主题,本意是为了反映当年人们对原子能的狂热。不过有点讽刺的是,铁恰好是唯一一种不可能用作**核燃料**的元素。

核燃料是指可被核反应堆利用,通过核裂变或核聚变产生实用核能的材料。

实际上,原子塔本身的平衡并不是最大的难题,更大的挑战来自于大风施加在建筑上的力,以及游客进到球体里之后造成的不平衡。9个球之间并不是单纯地用金属棍棒连接在一起,这些"棍棒"是空心的,可以让游客在球之间走来走去。

所以,为了让整个建筑维持稳定而不受到过大的拉力,最顶端那个球下方的3个球,是游客不能抵达的。剩余的球里,最顶端的球以及正中央的球,在建筑的垂直方向上,位于正中间,显然进入游客不会对**重心**造成太大影响;而下方的3个球,除了"原子"间连接的力量,还受到底座

物体各部分所受重力之合力的作用点称为重心。游客进入后会不均匀地增加物体的质量。

支撑腿的力,相对上面对称的3个球,更容易稳定。

　　由于同样的力学原因,原子塔的建造过程也遵循严格的顺序,先低后高,先中央后四周。如果不顾受力平衡,先搭好一侧,就会大大增加倒塌的风险。

　　每一座建筑的存在,都是在时间和空间尺度上,对受力平衡的挑战。布鲁塞尔原子塔的9个球体之间互相支撑、牵拉,构成了一个经典的**静力学平衡问题**。当然,这就涉及5个乃至更多个力的平衡,比二力平衡要复杂得多。

　　原子塔靠自己的魅力改变了命运。这座原本计划只在世博会期间展览6个月的建筑,被布鲁塞尔保留至今,而且2004年,当地还对它进行了修缮,除了将满是岁月痕迹的铝换成了不锈钢,每个球的"大圆"部位还安装了LED灯。夜里看上去,更添几分时尚。

受力分析是做力学题的第一步。当某个物体受力平衡且每个力的作用点都相同时,各个方向上的分力之和为零。若受力不平衡,则会产生加速度,改变物体的运动状态。

**知识点**

物体同时受到几个力作用时,如果保持静止或匀速直线运动状态,我们就说这几个力相互平衡,物体处于平衡状态。

夜晚流光溢彩的原子塔。

重力离不开

46

# 摩擦力从哪里来？

■ 郑晓丽

物理题中，常会有这样一个场景：地面上放了一个箱子，小明想要把它拉走。箱子受到几个力的作用？

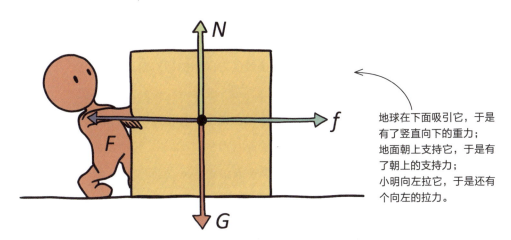

地球在下面吸引它，于是有了竖直向下的重力；
地面朝上支持它，于是有了朝上的支持力；
小明向左拉它，于是还有个向左的拉力。

由于箱子的下表面接触地面，于是还有水平向右的**滑动摩擦力**（即使箱子未被拉动，只要有向左运动的趋势，依然有水平向右的静摩擦力）！

摩擦力有什么"特异功能"，它从何而来，为什么它的方向平行于接触面？

对**摩擦力**的研究始于15世纪欧洲的文艺复兴时期，当时的代表人物是意大利的达·芬奇；到了18世纪末期，法国的物

摩擦力的方向总是与物体的相对运动方向或相对运动趋势方向相反。

两个相互接触的物体，当它们相对滑动时，在接触面上会产生一种阻碍相对运动的力，这种力叫作滑动摩擦力。

滑动摩擦力的大小跟接触面所受的压力也有关,在接触面相同的前提下,接触面受到的压力越大,滑动摩擦力越大。

理学家库仑通过大量的实验更加深入地研究了摩擦力。这段时期,人们大多认为,物体之间之所以存在摩擦力,是由于相互接触的两个物体的接触面是粗糙的,这一理论就是"凹凸啮合说"。

如下图所示,两个物体的表面都是像锯齿一样凹凸不平的。当两个物体接触时,如果两者有相对运动(或者有运动趋势),这些"锯齿"就会阻碍物体在沿接触面方向上的相对运动。而在压力相同的前提下**接触面的粗糙度越大,摩擦力就越大,其对运动物体的阻碍效果就越明显**。凹凸啮合说是一种直观明了的解释,可以很好地解释我们生活中遇到的现象。比如说,平时我们可以在路面上稳稳地行走,但如果冬天路面结冰,表面变得太过光滑,走上去就很容易滑倒。

按照凹凸啮合说的解释,似乎表面越光滑,物体之间的摩擦力就越小。不过,"分子说"并不这么认为。1734年,英国物理学家德萨左利厄斯曾提出,只要把平面无止境地研磨得很光滑,由于分子间存在相互吸引力,摩擦力迟早会增大的。这种少数派的说法和"凹凸啮合说"相矛盾,而且由于当时科技不发达,无法把物体表面研磨得很光滑,因此"分子说"一直没有得到证实。

进入20世纪,随着表面加工和洁净技术的发展,英国科学家哈迪用实验证明了德萨左利厄斯的假说,并在"分子说"的基础上形成"现代黏合说",该理论认为摩擦力实际上是分子–原子力的宏观表现。被打磨过的表面看似很光滑,但用精密仪器仍能检测到表面上存在很多小凸起。两个接触面受压时,其实大部分面

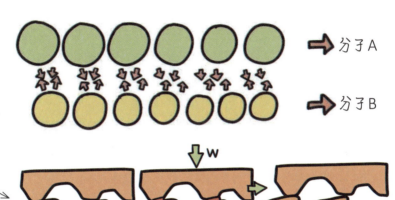

看似光滑的表面,相互接触的也只是一小部分。

分子A

分子B

积没有接触,只是这些小凸起被压紧并产生粘连,其物理本质是分子的凝聚力,摩擦力就是从水平方向拉开这些粘连点的阻力。

不过,现代黏合说也并没有解决关于摩擦力的所有问题,相关的研究仍在进行中。到目前为止,我们还只是揭示了摩擦力的冰山一角。

 **知识点**

一个物体在滑动时,会受到滑动摩擦力,其大小为 $f = \mu N$,$\mu$ 是动摩擦系数(无单位),接触面越粗糙,$\mu$ 越大。$N$ 则是物体所受到的支持力。

# 摩擦力，"抗住"大坝的勇士

■ 刘旸

瑞士以其冰川美景为世人所知。其中的瓦莱州拥有瑞士国土56%的冰川，同时也是欧洲水能最集中的区域。进入20世纪，这里的水道上已经架设了几个小型水电站，不过随着电力需求的日益增长，西瑞士能源公司急需一个电力"巨无霸"。

1935年，能源公司在阿尔卑斯山区偌大的迪克桑斯河上，建起了一个在当时看来非常壮观的大水坝。第二次世界大战后，工业飞速发展，对电力的需求也飞速增加，瑞士在迪克桑斯河上游又建了一个更大的坝，把迪克桑斯原有水坝几乎全淹没了，只在水量小的冬日，才重见天日。而30年后，大迪克桑斯坝（Grande Dixence Dam）的出现，终令这个小水坝彻底成了水下建筑。

1950年，大迪克桑斯坝工程正式启动，3000多个工人夜以

大迪克桑斯坝。

继日地劳动。1961年，这项世纪工程终于初步完工，水坝的整个工程耗费了600万立方米水泥，坝基厚达200m，坝顶长695m，坝高285m。这个高度是什么概念呢？如果在坝底立上一座埃菲尔铁塔，站在坝顶几乎可以平视铁塔的塔尖。

大坝所在的河（迪克桑斯河）其实水量非常小，然而一个超过100km的隧道系统，将迪克桑斯河与其他河流里的35条冰川的水贯穿起来。

这么高的坝，拦截了这么大的水量，面临的最大挑战在于它遭受的河水横向施加给大坝的压力。如何能让水坝在压力下不发生滑动？大迪克桑斯坝给出的答案是——**摩擦力**。

通过改变压力或接触面的性质可以改变摩擦力的大小。

水坝受水平方向的力，所以水坝底部与地面的摩擦力，必须大于河水施加在坝体上的横向的力。正如推动一个很重的盒子比推动一个很轻的盒子要更费力，水坝和地面的摩擦力也和水坝本身的重量相关。同时，摩擦力大小也取决于水坝底部和凹凸不平的岩石表面接触的紧密程度。

大迪克桑斯坝剖面图看上去接近梯形。

因此，这座混凝土水坝的大重量赋予了它绝对的可靠性。坝体与地面之间的摩擦力能够抵挡来自侧向水的推力，使之不发生滑动；而坝体自身的梯形结构占地面积大，提高了它的稳定性。这种用混凝土或砌石建成，利用自身重量产生的摩擦力来抵抗水的水平压力的坝，就是重力坝。

工程实践中，为了保证重力坝的稳定性，坝体与坝基之间是用水泥胶结的，这

种胶结增大了界面上的摩擦力。需要注意的是：在这种接触面存在胶结的情况下，摩擦力不能再按照$F_滑 = \mu N$来计算，而要划分为两部分，其中一部分仅与胶结材料和胶结面两侧材料的性质有关，与接触面的受力状态无关，另一部分则与接触面上作用的压力呈正比。

大迪克桑斯坝一度是世界上最大的大坝，至今也是世界最高的、具有标杆意义的重力坝。夏天，冰川逐渐消融，大坝水量持续上升，到9月水量达到最大，冬天再逐渐减少，到4月水量达到低谷，也是大坝底部所受摩擦力最小的时候。巨大重量所赋予的摩擦力，使它哪怕在丰水期，存储4亿立方米水（相当于将近40个西湖的水量）的情况下，也能岿然不动。

中国的三峡大坝也是一座典型的重力坝，高程185m，坝顶宽度15m，底部宽度126m，轴线全长超过2300m。它依靠自身巨大的体量而产生的巨大摩擦力，抵抗着滚滚长江水的力量。

有些水坝则在重力的基础上，利用拱形的结构来抵抗水的压力，我们称之为拱坝。拱坝的拱顶凸起面向上游，两侧紧贴着峡谷壁。除了坝自身重力形成的与地面的摩擦力，它的侧面也承受了来自山体的支撑。所以当条件允许时，拱坝是一种经济性和安全性都更好的选择。比如同样位于瑞士瓦莱州的莫瓦桑坝，就是经典的拱坝。

对于拱坝来说，侧翼太重要了，如果给予支持的山体不够牢固，就会发生大灾难。20世纪50年代，法国的马尔帕塞坝在运行了仅仅5年后就发生了崩坝事故，夺去了400多人的生命。事故的主要原因在于，大坝的左岸岩体"质量很差"，容易发生断裂，导致整个拱坝开始向下滑动，尤其是左岸滑动较多，最终决口。

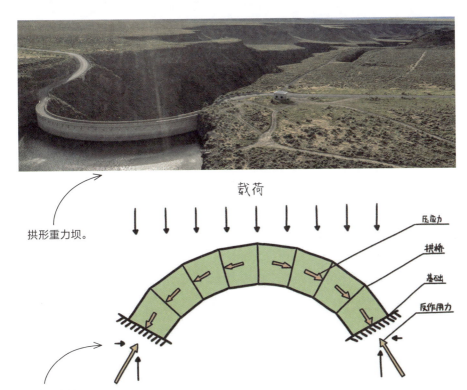

拱形重力坝。

载荷

压应力

拱桥

基础

反作用力

拱坝的受力情况。

水坝不仅能储水，更重要的是可以利用水位差发电。在世界十大拱坝中，中国就占了5个席位，包括锦屏一级坝、小湾坝、溪洛渡坝、拉西瓦坝和二滩坝，它们都位于中国水能充沛的地区，是我国电网中的大型骨干工程。

（出于给青少年科普的考虑，本篇文章对大坝的原理进行了一定的简化；感谢天津大学材料学博士"圆的方块"对本文的帮助。）

 **知识点**

静摩擦力的方向和相对运动趋势的方向相反。当外力加大到使物体开始移动的一瞬间，静摩擦力增大到了最大值，称为最大静摩擦力。

# 沙堆形状的秘密

■ 庞蜜

摩擦力无处不在

　　如果你玩过堆沙子，一定会发现一个有趣的现象：不用围栏的情况下，松散的沙子堆出来的沙堆的形状几乎是一样的。你不可能在不扩大沙堆底面积的情况下把它堆得更高。一个个沙堆的坡面，形成了天然的平行线。

> 静摩擦力大小等于与之平衡的另外一个力的大小。

　　这种奇妙的现象要归功于**静摩擦力**。摩擦力分为滑动摩擦力与静摩擦力，相对运动的物体间有滑动摩擦力，而相对静止的物体之间，只要有相对运动的趋势，就会有静摩擦力。放在斜面上的物体靠静摩擦力保持静止；人走路时向后蹬地，静摩擦力提供前进的动力；手握水杯时，静摩擦力维持水杯不掉落；拧紧的螺栓和螺母之间，也是靠静摩擦力维持不松动。如果静摩擦力突然消失，人类将寸步难行、绳子无法打结、螺钉无法固定，绝大部分的建筑将会倒塌。

沙堆往往有相近的倾角。

和滑动摩擦力不同的是，静摩擦力的大小取决于物体的运动和受力状态，它可以在零和某个最大值之间变化，这个最大值称为最大静摩擦力，其大小与接触面所受的压力以及接触面的粗糙程度有关。

例如，水平地面上有一只箱子，人用较小的力水平推箱子，箱子没有被推动。此时箱子和地面之间有相对运动趋势，存在静摩擦力，与受到的推力大小相等、方向相反。人在逐渐增大推力的过程中，静摩擦力也随之增大，两者仍保持平衡。直到推力超过最大静摩擦力，箱子开始滑动，静摩擦力变为滑动摩擦力。**滑动摩擦力往往小于最大静摩擦力**，这就是为什么推动物体比较费力，物体动起来以后继续推就不那么费力了。

沙堆上的沙砾保持静止状态，其中的摩擦力当然就是静摩擦力了。那么，为什么静摩擦力能"锁住"沙堆呢？

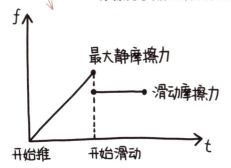

如图所示，两个相互接触的物体，接触面所受的压力为 $N$，静摩擦力为 $f$，它们的合力为 $F$，工程技术中称 $F$ 为全约束力。$\angle A$ 为 $F$ 与 $N$ 之间的夹角。当静摩擦力达到最大时，两个物体处于将要滑动的极限状态，这时 $f$ 最大，$\angle A$ 也最大，此时的夹角 $A$ 称为摩擦角。

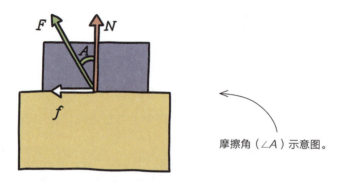

摩擦角（$\angle A$）示意图。

摩擦角的大小只和接触面的情况有关，和接触面所受压力无关。接触面越粗糙，摩擦角越大。

根据静摩擦力的特点可以得出结论，如果将一个物体放置在平面或斜面上，除平面或斜面施加的力之外，只要物体所受的其他合力（也称为主动力）的方向与接触面法线（即支持力的方向）的夹角小于摩擦角，则无论主动力有多大，物体总能保持静止。这种现象称为**摩擦自锁**。

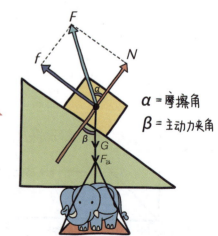

$\alpha$ = 摩擦角

$\beta$ = 主动力夹角

摩擦自锁的原理不仅可以用来解释生活中许多有趣的现象，也是工程设计中必须考虑的要素。比如，公园的滑梯倾角不能太小，如果达到摩擦自锁条件，就会把小朋友们"锁"在上面，没法玩了。螺钉、螺母上都刻有螺纹，螺纹的升角就是斜面的倾角。当把螺母拧在螺栓上时，螺母可以看成斜面（螺纹）上的物体。螺纹的升角小于螺栓和螺母之间的摩擦角，则达到自锁条件。只要螺纹还没被破坏，螺母和螺栓就可以牢固地结合在一起，不会自动松开。

沙堆的固定形状，也与摩擦自锁有关。实际上一切松散的物体在自由堆放时都会有这样的现象，工程技术中将散料在自由堆放时能够保持的最大倾角称为休止角。当物堆倾角小于休止角，它就能稳定堆放。一旦其倾角超过休止角，上方物体就会掉下来，直至倾角达到休止角才能稳定。

不同种类的物体具有不同的休止角。细沙的休止角大约为32°，碎石可以达到约45°。休止角在工程设计中意义非常重大。比如在水利工程中，河堤的坡度要远小于休止角，以防发生垮塌。

 知识点

在一般情况下，最大静摩擦力与正压力的大小有关，其值要略大于滑动摩擦力，但是有时候人们为了计算方便，就认为最大静摩擦力的大小等于滑动摩擦力的大小。

# 指纹增加摩擦力？

■ 吴海峰

手机通过指纹识别自动开启各种功能；门禁系统通过指纹识别来客身份；哪怕在古代，人们也想到利用指纹的独特性来画押。然而，"刷指纹"肯定不是最初指纹存在的意义。对指纹的生物学功能，人们提出过以下3种假说。

## 排水排汗

倾盆大雨可以迅速地顺着房顶瓦片顺流而下；路面积水时，轮胎表面的花纹可以导流排水，避免打滑。指纹也有类似的功能。

但是，也并不是手指越干摩擦力越大。最大摩擦力出现在手指湿度适中的时候，无论太干还是太湿，都会减少摩擦力。在日常生活中，洗手等行为会造成湿度过大，不过很少会见到手指过干的情况，这是因为我们手指皮肤表面有丰富的汗腺，即使不感觉到热，也会不断分泌汗液，让手指保持一定的湿度。

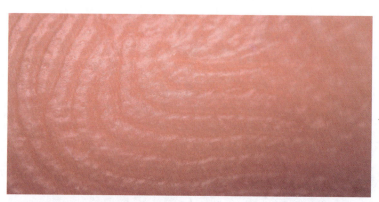

手指表面的纹路和汗腺。

## 触觉识别

我们可以把突出的指纹看作一座座小山,感受触觉的触觉小体沿着山谷分布于谷底,而不是平均分布在整个指肚上。这样的分布有助于我们快速感知触觉的细微差异。你可以试试用食指指肚触摸自己的后臼齿,是不是能清晰地感觉出牙齿的沟槽?

分辨率(resolution)泛指测量系统或显示系统对细节的分辨能力。触觉分辨率越高,越能用皮肤探测出更多的细节。

对此也有相反的观点,这一派人提出,手掌和脚掌上也存在类似指纹的肤纹,但是这些地方的**触觉分辨率**却较低,因此,指纹帮助增加触觉分辨率的观点,似乎并不能解释所有现象。

## 增大摩擦力

通过凹凸不平的表面增大摩擦力,似乎是理所当然的。不过,实际情况并非如此——或者说,不能一概而论。有研究表明,人前臂的光滑皮肤在湿润状态下(模拟手指出汗)提供的摩擦力不输于指尖。而在接触极光滑的表面时,指纹甚至会减少摩擦力!

要理解这背后的原因,可以参考汽车轮胎的花纹:胎纹能够在凹凸不平或积水的路面提供足够的摩擦力，使轮胎能够在各类路面平稳行驶；在平整、干燥的专用赛道上狂飙的赛车，则可以装配无花纹轮胎，用这种激进的方式获得**最大的抓地力**。

钢铁等硬质材料表面的坑洼会显著增大摩擦力，而橡胶类软材料则是接触面越大、受到的摩擦力越大。人的皮肤"材质"更接近橡胶，凹凸不平的指纹显著削减了手指与外部物体的接触面，因而在接触极光滑的表面时反倒会减少摩擦力。不过极光滑的表面非常少见，我们手指触摸的物体大多表面粗糙甚至湿滑，这种情况下，指纹的沟槽能牢牢"卡住"物体，前面提到的排水功能也派上了用场，摩擦力也就随之增大了。

那么，指纹是人类特有的结构吗？

装备无花纹轮胎的赛车。

答案是否定的，几乎所有灵长目动物都具有裸露的手掌和指纹这一结构。而且一些分布于新热带界（比如南美洲地区）的灵长类，还具有尾纹，它们尾巴的部分区域也是裸露无毛的，当盘曲在树枝上时也能行使类似的功能。此外，双门齿目（袋鼠目）的一些物种也具有指纹这一结构，

轮子在向前滚动时，与地面接触的一点是没有相对滑动的，因此受到的是平行于地面的静摩擦力。而正是因为这种摩擦力的存在，汽车才能向前行驶，而不是原地空转轮胎，因此这种力也被称为抓地力。

在物理上，滚动摩擦指的是阻碍轮胎在地面滚动的力，主要由轮胎的塑性形变引起。当橡胶轮胎向前滚动时，它会被稍稍压扁又鼓起，损失一部分能量。这种能量消耗才是真正的滚动摩擦，而不是上一段提到的静摩擦力。

松鼠猴的手掌。

猛禽爪部的鳞片。

考拉就是其中一例。这些动物的拇指都可以与其他四指对握,在前肢肢端皮肤裸露的动物中,几乎也只有这些动物可以做到。

当然,很多动物的皮肤并非直接裸露在外,因此它们不具有像人类指纹这样的肤纹,但这些动物的皮肤衍生物表面可能具有一些类似指纹的结构,也具有类似增大摩擦的功能。例如,鸟类爪子上的鳞片是皮肤衍生物,柳雷鸟等松鸡科鸟类脚趾的侧面长有栉状排列的鳞片,这就像是"登山鞋",可以有助于它们在雪地中行走;鹗等猛禽爪的腹面具有密集的棘突,让猎物无从逃脱。

 知识点

摩擦力的实际作用点是在两个物体的接触面上。

# 你的膝盖还好吗？

■ 四月

无论是青少年还是成年人，都有可能在运动中伤到膝关节，而半月板撕裂是膝关节最常见的损伤。

膝关节受到的力，在行走时可达体重的2.5~3倍，爬楼梯时可达体重的**4倍以上**，而剧烈的奔跑、跳跃运动，会给膝关节带来更大的压力。剧烈地扭转、拉伸膝盖时，或者膝盖被撞击时，半月板受到挤压，可能会移位、折叠，甚至破损，阻碍膝关节的正常运动。

膝关节是人体重要的运动关节，由上下两个关节面和髌骨组成——上面是大而凸的股骨髁，下面是小而平的胫骨髁（被称为胫骨平面）。这两个关节面的形状并不完全匹配，膝关节却依然稳固，除了肌肉、韧带等的固定作用之外，

根据牛顿第二定律 $F=ma$，若要提供一个向上的加速度 $a$，膝盖受力 $F$ 必将比重力 $G=mg$ 大很多。

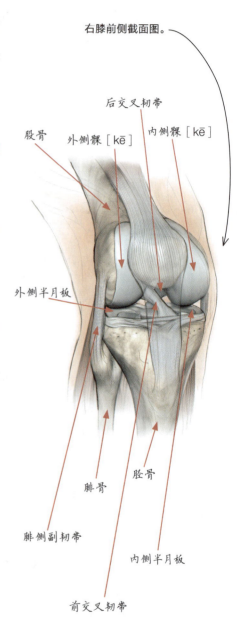

右膝前侧截面图。

后交叉韧带

股骨

外侧髁［kē］

内侧髁［kē］

外侧半月板

腓骨

胫骨

腓侧副韧带

内侧半月板

前交叉韧带

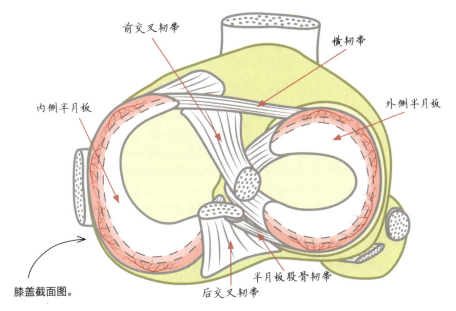

前交叉韧带

横韧带

内侧半月板

外侧半月板

半月板股骨韧带

后交叉韧带

膝盖截面图。

半月板也起到了相当大的调和作用。半月板还有运动时稳固关节、润滑关节软骨、提供本体感受、引导膝关节运动等功能。

半月板其实不是一块平"板"，而是两块月牙形的纤维软骨，富含胶原纤维束，比普通骨质更加柔软，而且富有弹性，它像垫圈一样覆盖在胫骨平台的关节软骨之上，减小胫股关节的**抗压应力**。

半月板的抗压能力不仅仅依靠自身的弹性，与其结构也有关系：它把胫骨的关节面变大，而且加深了关节窝，完美适配了凸出的股骨内外髁。

抗压应力：物体由于外因或内因而形变时，在它内部任一截面的两方即出现相互的作用力，单位截面上的这种作用力叫作应力。一般来说，对于固体，在外力的作用下，将会产生压（或张）形变和切形变。

运动的时候，半月板受压而向侧面变形，发生这一**弹性形变**后，半月板有往回收紧的趋势，使得一部分竖直方向的应力转化为水平方向的应力。半月板边缘高起，还可以防止股骨髁在运动时过分位移，保护了膝关节在运动时的稳定性。

指物体在受力时会发生形变，不受力时，又恢复到原来的形状。

一般来说，身体的轻微损伤可以通过物理治疗来恢复。但由于半月板软骨本身缺乏血管组织，再生能力相对较差，损伤严重时，很难依靠机体自身的修复能力让受损的关节软骨痊愈，可能需要进行手术修复半月板，甚至切除或置换。

除了运动损伤，长短腿、扁平足、异常的前足内外翻等生理问题，还有不正确的运动习惯都可能造成半月板和膝关节软骨的磨损。随着时间的累积、年龄的增长，关节腔内分泌的滑液减少，也会加剧关节软骨的磨损，可能会导致退行性关节炎。

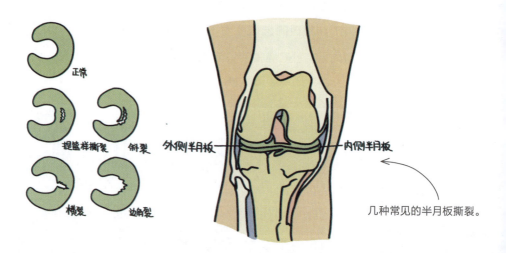

几种常见的半月板撕裂。

运动前做好热身，运动时避免外伤和不正确的姿势，能在一定程度上防止半月板损伤。

运动可能损伤半月板，但也不能为了保护半月板就完全不运动。适当的运动可以刺激关节滑液的分泌，更好地保护膝关节。另外，控制体重可以减轻半月板的负担；锻炼膝关节周围的肌肉，可以对膝关节形成保护，减少过度受力；运动时避免外伤和不适当的姿势、选一双合适的鞋、及时纠正长短腿和扁平足等，都是防止半月板损伤的好办法。

 **知识点**

物体的弹性都有一定的限度。在这个限度之内的形变是弹性形变，外力消失后可以自动恢复；超过这个限度则会变成塑性形变，不能恢复到原来的形状。

# 科学挑选滑雪板

周花雪

　　2022年，我们迎来了北京冬季奥运会。滑雪作为冬奥会的一项"明星运动"，吸引了不少人参与进来。可是你想过吗，为什么人类选择滑雪板作为雪上行动的工具？怎样的滑雪板才适合你呢？

　　滑雪运动起源并发展于斯堪的纳维亚半岛。为了在寒冷恶劣的自然环境下生存，人们用皮带把大片兽骨绑在皮靴上，制作成滑雪工具，于是人们就可以在浩瀚的林海雪原中任意驰骋、追寻猎物，进行生活和生产活动。

　　我国的滑雪历史也很悠久。唐代李延寿在《北史》一书中写道："气候严寒，雪深没马，地高积雪，惧陷坑阱，骑木而行"，意思是为了防止行走时脚陷入雪中，人们脚下踩着木板走路。

"谁来救救我呀？"

压强与物体所受压力及受力面积的大小有关 $p=F/S$。

**想象一下,如果两个重量差不多的人在雪地中行走,一个人脚底下踩着滑雪板,另一个人只穿普通的雪地靴,虽然两个人对雪地的压力差不多,但前者可以自由地驰骋,后者却会陷入雪地,寸步难行。**

滑雪运动的发展历程中,各类项目不断扩展。世界比赛中正规的大项目有高山滑雪、北欧滑雪、自由式滑雪、冬季两项滑雪等,而每大项又分众多小项。值得骄傲的是,2022年第24届冬季奥运会在我国北京市和张家口市联合举行,这是我国历史上首次举办冬季奥运会。

能参与竞技滑雪的人毕竟是少数,更多人滑雪是出于娱乐、健身的目的。尽管没有特别的专业技术要求,但是要想更好地体验滑雪运动的乐趣,基本的装备是必不可少的。滑雪器材主要有滑雪板、杖、靴、各种固定器、滑雪装、盔形帽、防风镜等。其中,最关键的莫过于滑雪板。

滑雪板的"浮力"效果,**不仅取决于压力大小,还与受力面积有关。**滑雪板越大,给雪地施加的压强就越小,滑雪板陷入雪地的深度就越浅,受

| 身高/厘米 | 滑雪板长度/厘米 |
|---|---|
| 小于132 | 115~130 |
| 137 | 125~140 |
| 142 | 130~145 |
| 147 | 135~150 |
| 152 | 135~155 |
| 158 | 145~165 |
| 163 | 150~170 |
| 168 | 155~175 |
| 173 | 160~180 |
| 178 | 165~185 |
| 183 | 170~190 |
| 188 | 175~195 |
| 193 | 180~200 |

要减小压强,可以减小压力或者增大受力面积。要增大压强,可以增大压力或者减小受力面积。

到的阻力也就越小。但是对于初学者来说，速度太快就不好掌握平衡，加上心理紧张，很容易侧翻。

从长度上来讲，短的滑雪板灵活、易于操控，但是速度较慢，高速稳定性和搓雪效果都不太好；长的滑雪板则能获得较高的速度，高速稳定性和搓雪效果都比较好，但是不够灵活、难以操控。

一般来说，滑雪板最适宜的长度应稍低于你的身高，立起来介于你的下巴和头顶之间。经验丰富的滑雪者，也可以选择略长于身高的滑雪板。当你选好滑雪板，戴好装备，从高山飞驰而下时，世界简单得只剩下眼前的雪和身旁的风，所有的嘈杂都被远远甩在身后。

冬季奥运会，让滑雪运动的热度不断攀升。

**知识点**

垂直作用在物体表面上的力叫作压力（pressure）。压力在性质上属于弹力。

# 你能吸起多高的水柱？

■ 齐敬强

喝冷饮、喝奶茶，每一个卖饮料的地方都少不了吸管的身影。但是你知道吸管是如何被发明的吗？

吸管正式进入生活，要追溯到19世纪的美国。当时的美国人喜欢用麦秆（吸管的英文straw也是麦秆的意思）喝冰凉的饮品，但直接用麦秆容易折断，也容易影响饮品的口感。美国烟卷制造商马文·史东从烟卷中得到灵感，制造了一支纸吸管。试饮之下，既不会断裂，也没有怪味。吸管就此诞生了。塑料出现之后，柔韧性和美观性都更胜一筹的塑料吸管逐渐取代了纸吸管。

吸管能发挥作用，是因为大气压强的存在。使用前，吸管内部与外部的压强都是大气压强，压强大小一样。使用的时候，从吸管内部吸走部分空气，将造成管内压强变小，为了平衡气压，大

麦秆　　纸吸管　　塑料吸管

69

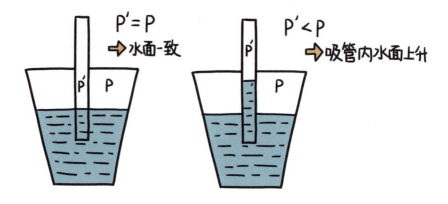

气压强会迫使管内液体上升。停止吸气时,管内液体下降,压强便回到平衡。

　　大气压强是大气对浸在它里面的物体产生的压强。大气层上疏下密地分布在地球的周围,总厚度达1000km以上,所有浸在大气里的物体都受到大气压强的作用,就像浸在水中的物体都受到水的压强一样。

　　**大气压**产生的原因可以从不同角度解释。从分子运动的观点来看,气体由大量无规则运动的分子组成,这些分子必然会与浸在空气中的物体不断地发生碰撞。每次碰撞,气体分子都要给予物体表面一个冲击力,大量空气分子持续碰撞的结果就体现为大气对物体表面的压力,从而形成大气压。

影响大气压的因素:高度、温度、气流等。在海拔3000m以内,大约每升高10m,大气压减小100Pa。

地球大气层比我们想象得还要厚。

根据液体内部压强公式 $p=\rho gh$ 可以得到,**一个标准大气压**可以提升的水柱高度大约为10.3m(水银柱76cm),在正常大气压下,无论100根还是300根吸管,都没法让你吸更高了。

当然这是一个理论值,必须是在吸管的上端为绝对真空的情况下才可以达到这个高度。一般人能吸起来水的液面高度也就在3m左右。一些专业人员可以将液面吸到5m左右,这时候人的肺部大约产生了0.5个标准大气压的真空度。当然人的肺是不可能产生绝对真空的,所以液面高度也不会达到10.3m。

气压的国际单位制是帕斯卡(或简称帕,符号是Pa)。在海平面的平均气压约为101.325kPa,这个值也被称为标准大气压。

散逸层
(800km～2000km至3000km)

增温层
(80km～85km至800km)

中间层
(50km～80km至85km)

平流层
(7km～11km至50km)

对流层
(0km～7km至11km)

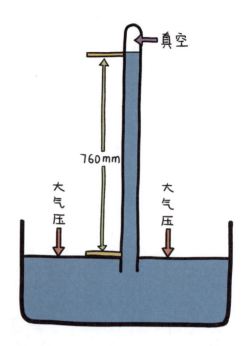

只要吸管上端的真空度一致,无论吸管是粗还是细,它们内部液面的高度都一样。不过,想要把液面提升到同样的高度,吸粗吸管要做的功会更多。

 **知识点**

根据压强公式$p=\rho gh$,压强与液体横截面积无关。因此当不同的吸管内外的压强差相同时,吸管内部液面高度也相同。把质量为$m$的水提升高度$h$所需的能量是$E=mgh$,因此吸管越粗,吸起水的质量越大,所要做的功就越多。

# 糟糕！忘打开降落伞了

■ 姚永嘉

在军旅题材的电影中，有个镜头你一定很熟悉。当机舱中某个灯亮起，舱门打开，全副武装的士兵纵身一跃坠入空中，没过一会儿出现一顶降落伞，划过天空降落到地面。

不要只顾着看炫酷的姿势，一个伞兵的养成可不是普通士兵背上降落伞那么简单的。新伞兵在背上伞包登上飞机之前，要完成地面上的各种训练，在第一次跳出机舱之前，还要将伞和飞机之间用一根绳子连接起来。从800m高空跳出飞机以后，那根绳子会帮战士直接将伞打开，因此战士并不需要操心什么时候打开降落伞。

但是在一些特殊情况下，战士要在1200m以上的高空跳出飞机，然后在合适的高度自己用手拉开伞。在重力的加速之

伞兵"下凡"。

73

下,伞兵**每秒要下降数十米**,那稍不留神岂不是直接坠落地面了?

这么想就太天真了,空降兵可是宝贝,哪能随意折损。开伞器就是确保伞兵能在某一高度强制开伞的装置。开伞器里面的气压计负责获得高度,一旦发现低于设定高度后,就会结合动力装置强制打开降落伞。气压计就是伞兵的一道生命线。

利用匀变速直线运动,位移公式 $x=v_0t+\frac{1}{2}at^2$ 算算看?

**大气压**并非一成不变,就算是在同一个地点测量,也会受到气温、天气、季节、风力等因素的影响,高度当然也会影响大气压。

大气压的形成原理并不复杂,地球重力的存在让人类可以生活在地球的表面,不会让你一不小心就飞入太空。同样的原因,氧气、二氧化碳、氮气、水蒸气等各种气体也被地球重力牢牢地控制,在地表上空形成了厚厚的大气层。气体分子可不会老老实实地全都静止不动,它们会不停地四处乱跑乱撞。虽然你看不到也摸不着它们,一个空气分子对你的碰撞也极其微弱,但是好多空气分子一刻不停地"攻击"你,大气压就形成了。

在掌握了高度和气压之间的线性变化规律以后,人类就有了一把随时知道自己海拔的尺子。由于越靠近地球表面重力就会越大,空气分子聚集得更多,气压当然也会随之变大。

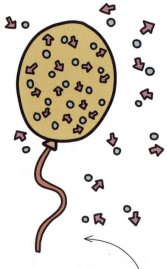

空气像液体一样受重力作用,且具有流动性,因此,大气内部各个方向都有压强。

气球内部的气压比外部的气压大,这样才能将气球膜撑起来。

压力和压强

无液气压计做成的晴雨表。

原理有了,各种气压计就被发明出来了。最初人们使用的是水银气压计,之后人们摆脱了水银发明了无液气压计。后来,人们不满足于只看气压,于是气压高度计顺理成章被发明出来。飞机驾驶员通过气压高度计可以随时知道自己所处的高度。户外运动者想了解**海拔**也只需要抬抬手看看专业的运动腕表。可是对于伞兵这种特殊的人群来说,迫切需要判断高度却又不方便查看,于是人们就发明了高度计和动力机构的合体装置。

海拔每上升10m,大气压就会降低约100Pa。

不知不觉间,气压计已经广泛地应用在我们生活中的各个方面。气压计的电子化和微型化使得它无处不在,甚至成了手机、手表的标准配置。从跳伞到钓鱼,从户外运动到打理花园,时时刻刻都需要用到气压带给我们的信息。

 **知识点**

空气温度越高,气压越大;空气流动速度越大,气压越小;海拔越高的地方,气压越小。

# 坐飞机为什么耳朵疼？

■ 庞蜜

如果你曾坐火车经过隧道或是经历过飞机起降，或许会有这样的感受：你的耳朵好像突然进水了，闷胀难受，周围的声音迅速变小并且音调还有点怪怪的，可能需要很久才能恢复正常。这是怎么回事呢？

一切要从人耳的基本构造说起。人耳中用来感知声音的是一层不足1mm的薄膜，称为鼓膜。物体振动产生声波，通过空气传播到耳朵深处的鼓膜时，会带动鼓膜振动，最终通过**听觉神经**传入大脑，我们就听到了声音。

耳蜗内部的液体由于压力振动可产生波动，柯蒂氏器内的毛细胞可把液体波动变换成神经信号，而听觉神经行程的第一步就从这里开始。

鼓膜是一个特别脆弱的部位。它的内侧通过咽鼓管与口腔相连，但咽鼓管一般处于关闭状态，外侧通过耳道直接与外界相通。人在大气中生活，于是鼓膜的两侧都能感受到大气压强。正常情况下，鼓膜两侧压强相等。但如果两侧的压强突然变得不相等，薄薄的鼓膜就会承受一定压力，从而出现不适的感觉。

耳膜受到外部气压和内部气压共同作用，正常情况下两侧压力平衡。如果有一方压力突变，耳膜受力不均，就会引起不适。

76

火车匀速通过一个较长的隧道，假设隧道足够长，不考虑隧道口处的复杂情况。当气流稳定下来后，单位时间流过隧道中任意两个截面的气体质量相同。

火车过隧道时耳朵不舒服，正是因为车厢内的空气压强和人耳内部的空气压强不相等了。为什么会出现这种情况？车厢内的空气压强相比人耳内部的空气压强是大还是小呢？

早在1738年，瑞士流体物理学家丹尼尔·伯努利（Daniel Bernoulli）就发现了一维流动问题中的重要规律，即伯努利定律。简单来说就是，在流体密度的变化及摩擦阻力可以忽略的情况下，同一高度处流体的速度越大时，压强就越小。火车过隧道的问题，也可以用伯努利定律解释。

我们考虑隧道中远离火车的某个截面A和车身处的某个截面B，很明显A的截面积要大于B。要想让这两个截面处单位时间流过的气体质量相等，就必须要求B处空气相对火车的速度大于A处。根据**伯努利方程**，B处的压强就小于A处的压强。而A处离火车足够远，可认为压强不受火车运动的影响，应该和隧道外的大气压强相等。

$$\frac{1}{2}\rho v^2 + \rho g h + p = C$$

其中：
v=流体速度
g=重力加速度（地球表面的值约为9.8m/s$^2$）
h=流体处于的高度（从某参考点计）
p=流体所受的压强强度
ρ=流体**密度**
C=常数

某种物质组成的物体的质量与它的体积之比叫作这种物质的密度（density）。

所以我们可以得出结论,火车进隧道后车厢外的压强变小了。火车车厢很难做到完全封闭,当车厢外压强减小时,很快就会引起车厢内压强也随之减小,于是就出现了之前描述的情况。

车厢外大气压强的变化,关键在于空气相对车厢的速度发生了突变。如果车厢的速度快速变化,即使没有隧道,也会有类似现象发生。比如坐飞机起降或飞行过程中遇到气流颠簸时,耳朵也会很不舒服。不过飞机的速度很快,周围空气的运动会变得很复杂,就不能简单地用伯努利定律来计算了。

找到了耳朵不适的原因——压强,那么有没有办法缓解这种不适呢?

最理想的办法是把车厢、机舱做成严格密闭的,不过这样代价很高。幸运的是,我们可以用一些动作打开连接人耳朵和口腔的咽鼓管,使鼓膜内的空气与外界相通,消除压强差。下次再遇到这种情况时,打哈欠、嚼口香糖、捏鼻闭嘴鼓气都是不错的选择。

 知识点

气体和液体都是流体,流体中流速越大的地方,压强越小。

# 称霸乒乓球界的秘密武器

■ 刘力瑜

　　20世纪60年代，日本乒乓球运动员发明了弧圈球打法。这是一种攻击力强、旋转强烈的乒乓球技术，球的飞行轨迹和落台之后的弹跳看起来都"超乎常理"，令许多国家选手不知所措，接连失利。中国队积极学习了弧圈球技术，在遇到日本队时，有效地压制了他们的发挥。据统计，在近20年的乒乓球国际赛事中，单打冠军中有87%是采用弧圈球进攻打法的运动员。

　　那么，弧圈球超大的威力从何而来？它的飞行轨迹和弹跳路线为什么和普通打法打出的球截然不同？

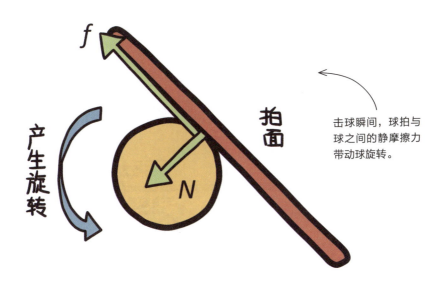

f

拍面

产生旋转

N

击球瞬间，球拍与球之间的静摩擦力带动球旋转。

简而言之，弧圈球是一种摩擦球，通过强烈的摩擦使球产生旋转，以此可以创造球在空中的弧线，决定球的速度，以及落点（球下落在台面上的点）。

运动员根据来球调整摩擦位置、拍面角度，顺利地反击或者防守。如果来球是上旋球，一般我们要去击打球的中上部，拍面下压进行摩擦。上旋越强，拍面下压角度越大，摩擦点就相对越靠近球上方，也就是运动员常说的摩擦"薄一点"。相反的，上旋较弱或者没有旋转的时候，摩擦点就更靠近球的中部位置，拍面就更陡。如果来球是下旋球，那么要完成弧圈球动作就要摩擦来球的中下部，拍面后仰，向前上方提拉。

旋转对于乒乓球飞行弧线有重要的影响。根据流体力学中"流速越快，压强越小；流速越慢，压强越大"的伯努利定律，无论是乒乓球运动中的任何旋转（上旋、下旋或侧旋），它们的飞行弧线都会受到不同气压的影响。

弧圈球是一种强烈的上旋球，当球作上旋运动的时候同时带动着周围空气一起旋转。球体上沿旋转的气流受到迎面而来的空气阻力，所以流速降低，球体下沿的气流与迎面空气方向一致，因此流速加快。这么看来，上旋球上沿空气压强大，

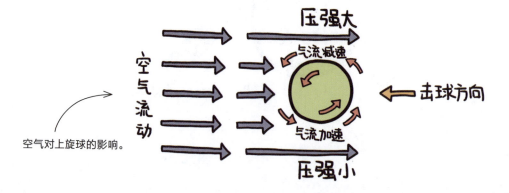

空气对上旋球的影响。

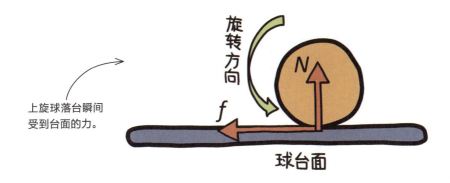

旋转方向

N

f

球台面

上旋球落台瞬间
受到台面的力。

下沿空气压强小。球又是上下表面积相同,所以气流给上旋球一个向下的力量,那么球的下降速度就会加快,运动弧线就会相对较低。如果运动员的力量、速度都比较出色,那么他的弧圈球质量就更高,下降速度更快,弧线更低,造成的威胁就会更大。

> 球与台面接触的点受到的摩擦力方向与那一点相对台面的运动方向相反。现在球在逆时针旋转,最下面一点相对台面向后走,受到向前的摩擦力。

上旋球落到台面上时,台面阻碍球继续转动,由此产生的**静摩擦力方向**与球的旋转方向相反,却与球的飞行方向相同,使得球在弹起时猛烈前冲。

如果你有一定的打乒乓球的基础,那么在了解了弧圈球物理原理的基础上,再用实践去体会这个技术动作,相信你会有更多的收获。

 知识点

早在1738年,伯努利就发现流体压强与流速有关,解开了鸟在天空中翱翔的奥秘。科学家通过大量实验发现,对于流动的液体和气体,在流速大的地方压强小,流速小的地方压强大。

# 椰子旅行靠浮力

 余天一

如果你是一棵不能动的植物,如何在辽阔的地球上扩张领地?

很多植物选择的答案是结出果实和种子,让后代远走高飞。在漫长的自然选择中,植物出现了千奇百怪的方式让自己的后代走向远方,有些植物的果实长出甜美多汁的果皮、果肉或花托,吸引动物吃掉果实并且吞掉种子,把种子排泄在其他地方;有些植物的果实或种子有腺毛或钩刺,可以粘在动物身上随动物一起旅行;还有些植物会结出带翅膀的果实(翅果)、由数根毛组成的小伞(冠毛)或者鹅绒一样的长毛(长绒毛),在果实或种子成熟掉落的时候会被风吹向远方。但是有一类植物比上面这些走得更远——它们的种子和海洋结下了不解之缘。

植物从海洋中来,但是很难再回到海洋中去。**海水高浓度的盐类物质**和长时间的浸泡对于大多数植物来说都是大敌。不过,海边沙滩上常常有很多漂流物,其中一大部分是各种海滨植物的

> 在盐分过高的水中,由于渗透压的作用,植物细胞内的水分会被"吸走",继而干枯死亡。

蒲公英借助风力传播种子。

果实和种子,这些果实和种子可能来自旁边的一片海滩,也有可能来自遥远的异国他乡的海边。

地球上的大洋是连成一体的,海水在不断流动,既有潮涨潮落,又有洋流在循环往复。除此之外,还有时而发生的飓风和台风。海滨植物就是这样借海水把自己的果实和种子带向未知的陆地的。中国南方的海滩上能捡到的海漂种子,除了来自就近的地区之外,一部分是由赤道洋流和黑潮自南方携带而来的,另一部分是夏季常有的台风带来的,还有一些其他的来源。

要在海上长途旅行,海滨植物的果实或种子就必须能漂在海上、不易腐烂,而且能够抵抗盐分侵蚀一段时间。我们都知道不能用海水解渴,海水的高浓度盐分产生的**渗透压**会让细胞失水,对于植物果实也是一样的。果实也不能沉入海底,否则一直被海水浸泡的种子就无法进行呼吸作用。能够解决这些难题,这些海滨植物就成了能够将种子传播得最远的一类植物。

椰子树的果实。

那么海滨植物的果实和种子是如何漂在海面上的呢？它们依靠的是果实和种子里面特殊的结构带来的浮力。海漂的果实或种子中很大一部分空间是空的，它们重量较轻，排开**水的体积**却很大，只要落入海水中就会因为受到的浮力大于自身的重力而上浮，于是它们就能漂浮在海面上了。

刺果苏木的种子。

不同的植物有各自不同的利用空气产生浮力的方法。有些植物的果实具有疏松但是坚韧的纤维质果皮，比如椰子和玉蕊属植物。如果你砍过新鲜的椰子，就会发现它绿色的外果皮内有很厚的中果皮，这层中果皮由比较疏松的木质纤维组成，这些纤维之间有大量的空气，可以让巨大的椰子果实浮在海面上，而内果皮是坚硬的木质，防止海水浸入到种子里。玉蕊属很多种类的果实都有棱有角，尤其是滨玉蕊的果实大而且近似圆锥形，看起来很像古时候的木质棋盘的脚，所以在中国台湾俗称棋盘脚。它们

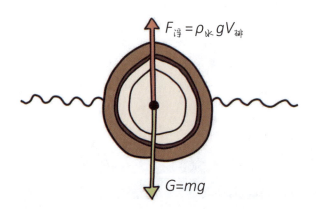

$$F_{浮} = \rho_{水} g V_{排}$$

$$G = mg$$

依靠果皮漂浮在海上,种子并不能漂浮,果皮突出的部分和椰子很像,都是由疏松的木质纤维组成的。

　　另一类植物的果实和种子之中有较大的空心结构,这样它们就像小船一样可以在海面上航行。其中一些植物种类依靠种子的种皮与子叶之间形成的间隙来漂浮,比如几种生活在海边的番薯属植物。厚藤是其中的代表,我们在中国热带到亚热带南部海滨都能见到它标志性的羊蹄形叶片。它的子叶比种皮小,多出来的空间就可以使它漂在海上。另一些植物种类依靠没有充分发育的胚乳和种皮之间形成的空腔来漂浮,比如刺果苏木。

液体对物体的浮力与液体的密度和物体排开液体的体积有关,而与物体的质量体积、重力、形状、浸没的深度等均无关。

滨玉蕊。

刺果苏木。

　　另外还有一些植物利用的是较为疏松的子叶结构,依靠种子本身产生的浮力在海上漂浮。这类植物以豆科的物种为主,比如海刀豆和刺桐。海刀豆在淡水匮乏的沙滩上就可以生长,但是刺桐需要在远离海岸有淡水的环境才能发芽。它们的种皮坚韧防水,种子内没有空隙,但是子叶密度小,从而可以**浮在海面上**。

 知识点

　　液体对浸入其中的物体的四周都有压强,但由于液体内部的压强随深度的增加而增大,物体受到的向上的压力要比其受到的向下的压力大。这些压力总的效果,就出现了一个作用于这个物体的向上的力,即浮力。

# 羽绒服有妙用

■ 馒头老妖

尽管哺乳动物的祖先是从海洋里爬上岸的，但绝大多数哺乳动物早已失去了在水中生活的能力。对于人类来说，学过游泳才不至于沉入水中。不过，在有些很特殊的条件下，即便不会游泳的人，也能漂浮在水面上。

2017年12月，重庆市有一名74岁的老太太，不慎滑入水中，但漂在水面没有下沉，又被河面上一条绳索拦住没有漂走，最后在热心人的帮助下获救，最终并无大碍。无独有偶，2017年3月，江苏仪征也有一名老太太落入河中，漂在水面上许久不沉，为救援争取到了宝贵的时间。

这两次落水者获救，都离不开她们身上穿的羽绒服。我们对羽绒服并不陌生，却很少有人注意到它保暖的关键因素——空气。羽绒服给人的第一印象就是"臃肿"，但拿在手里的分量却并不重。这是因为羽绒服中填充的羽绒蓬松地堆在一起，它们之间的空隙就被空气所填充，而空气是**热的不良导体**，起到了隔绝热量传递、保持体温的功能。

> 导热体是指能传导热能的物体，不同的物体传导热的本领是不同的，人们把善于传导热的物体叫作热的良导体，把不善于传导热的物体叫作热的不良导体。

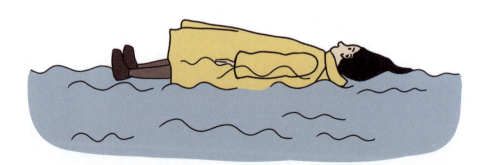

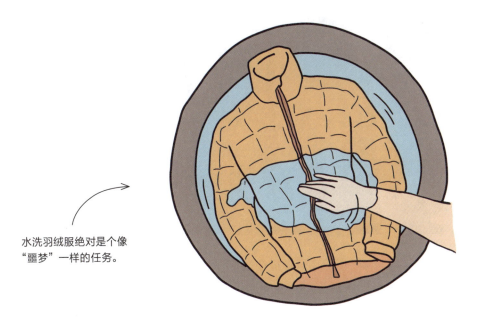

水洗羽绒服绝对是个像"噩梦"一样的任务。

当某人不慎落水时，如果穿着的是羽绒服，因为面料的关系，在一段时间内，水不容易浸入羽绒服的内部；而水流的挤压，又会使羽绒中间的空气聚在一起，形成一个"气囊"——这种现象，如果你手洗过羽绒服，估计就会有印象。

$$F_浮 = G_排$$

而我们都知道，根据阿基米德定律，**浮力等于物体排开的水所受到的重力**。空气的密度显然比水小得多，这个"气囊"所受到的浮力远大于它自身的重力，对人就产生了类似游泳圈、救生衣的作用。当然，如果泡在水中的时间较长，最终水还是会进入羽绒服的内部，将空气驱赶出去，这样羽绒服就起不到增加浮力的作用了，人还是会沉下去的。

这种有趣的现象，在军事上还有个特殊的用途：舰艇上的水兵，裤脚、袖口都很宽大，据说就是为了便于在落水之后脱下，然后迅速扎紧，形成气囊，额外提供一部分浮力。

看，海军军服宽大的裤脚。

如果遇到泰坦尼克号那样的情况，船上的乘客被迫要弃船时，除了穿好救生衣，还可以利用手边的东西，尽可能赶制一些增加浮力的工具。比如，手头有瓶装饮料的，赶紧倒掉或喝光饮料，然后再把瓶盖拧紧，塞到衣服之中或绑在救生衣上。一个容积为2L的饮料瓶，大约能产生近20N的浮力，基本可以保证头部露在水面上不往下沉了。

饮料瓶，关键时候也能救命呀！

 **知识点**

浸在液体中的物体受到向上的浮力，浮力的大小等于它排开的液体所受到的重力。这个结论称为阿基米德原理，用公式表示为 $F_{浮}=G_{排}$。

# 蛟龙号到底有多厉害？

■ Cool

"蛟龙号载人潜水器是我国自行设计、自主集成研制的载人潜水器，已达到国际领先水平……"这段话不少同学都会背了。大国重器的身份使蛟龙号常常登上新闻头条，深海中严酷环境的考验，又让它成了物理考题的常客。不过，蛟龙号如何应对深海环境、见招拆招，你真的了解吗？

$p=\rho gh$
即压强与深度、液体密度成正比。在水下越深，受到的压强越大。

## 关于压强

蛟龙号每次下潜入海，都需要抵抗来自深海不同深度的**压力**。深海鱼只能生活在深海中，当人类将深海鱼捕获到水面时，**深海鱼就无法成活**。同样，浅水鱼一旦进入深海，也会抵抗不住水中的巨大压力而无法生存。

深海鱼已经习惯了外部给它的巨大压强，并为此进化出了独特的身体结构来抵抗外部压力。当它被捕到水面时，鱼鳔等器官会因为外部压力快速降低而膨胀，从而威胁到它的生命。

28.（6分）我国从20世纪70年代开始大规模研制潜水器，现已达到国际领先水平。2010年7月下水的"蛟龙号"深海潜水器，是我国自主研制的，其下潜深度达7000m。求：
（1）在7000m处，它受到的深水压强大约是多少？（$\rho_{海水}=1.03\times10^3 kg/m^3$，g取10N/kg）
（2）若观察窗面积为300cm$^2$，海水对观察窗的压力大约是多少？

蛟龙号经常出现在考卷上，你不妨也来算算。

浸没在液体中的物体会受到两个力的作用：竖直向下的重力和竖直向上的浮力，而浮力的本质是上下表面所受到的压力差。

利用弹簧进行压力补偿的油箱。图片来源：Cool。

**蛟龙号要下潜到深海7000m这样的深度**，海水的压强为700个大气压，相当于我们一节手指那么大的面积上压了一辆小汽车。蛟龙号的载人球体舱的直径有2.32m，表面积约为18.8m²。当蛟龙号潜水器处于7000m的深海中，载人球体舱上的压力高达约$1.3 \times 10^9$N。蛟龙号需要依靠强度极高的钛合金材料来制造载人球体舱，以确保载人球体舱内部的人员和仪器的安全。

不过，蛟龙号上的仪器设备并不是必须全都安置到钛合金的耐压球体内。工程师们在设计蛟龙号载人潜水器时，将各系统按照能否承受压力为条件，分为耐压和非耐压两类。如果设备仪器无法承受深海海水的压力，那就得为这些仪器设备设计相应的耐压结构或压力补偿装置。其他系统则可以直接或者间接与海水接触，让海水的压力作用在它上面。

要隔开海水但无须耐压结构保护的系统或者结构，我们称它为透压结构。还有一些设备本身就不怕海水，也不怕压力，可以直接浸泡在海水中，最大限度地减轻潜水器自身的重量，这样既降低了制造成本，又改善了潜水器自身的运动性能，从而确保潜水器使用安全且经济。

## 关于浮力

蛟龙号载人潜水器想搭载科学家们进入深海，浮力的问题同样存在。首先需要考虑的问题就是蛟龙号载人潜水器加上搭载的科学家们总共有多少重量？通常情况下，每次下潜活动，搭载的科学家都会有人员方面的变动，这样才能让更多的科学家有机会下潜到深海进行科学活动。在人员变动的情况下，就会改变潜水器的总重量。蛟龙号潜水器为了保证能够在深海稳定工作，就要在下潜开始前进行精确计算。

根据阿基米德原理，物体所受浮力等于物体排开液体所受的重力。水的密度为1000kg/m³（海水密度略大于纯水，为1020~1070kg/m³），如果物体的平均密度与水相等，那么物体在水中获得的浮力刚好等于它受到的重力，该物体在水中就可以停留在任意深度，该状态叫作悬停状态。不同体重的科学家进入蛟龙号深潜器下海，其总重量会发生变化，但由于科学家们坐在蛟龙号的载人球体舱内，并没有改变排开水的体积，因而不会改变蛟龙号载人潜水器在海水中的浮力。

为了平衡重量的变化，潜水器上配备了具有一定形状、便于放置、便于固定也便于抛弃的铁块，根据每次下潜任务和人员

潜入水中的深海勇士号。图片来源：叶延英。

的情况进行调整，以确保每次下潜到深海时，潜水器可以提供的浮力刚好和潜水器以及搭载的人员和仪器的总重量相同。除此之外，潜水器还具备浮力微调装置——可调压载系统，通过消耗蓄电池的电能，给水舱注水、排水，实现对浮力的精确调整。

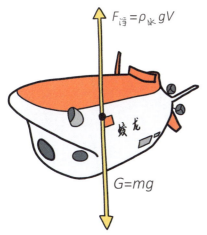

$F_{浮} = \rho_{水} g V$

$G = mg$

悬停状态：$F_{浮} = G$

## 知识点

对于初始静止浸没在液体中的物体：
$F浮 > G$时，物体上浮；
$F浮 = G$时，物体悬浮；
$F浮 < G$时，物体下沉。

# 藤甲，刀枪不入的水上漂

■ 行简

　　带来洞主曰："此去东南七百里，有一国，名乌戈国……其手下军士，俱穿藤甲；其藤生于山涧之中，盘于石壁之上；国人采取，浸于油中，半年方取出晒之；晒干复浸，凡十余遍，却才造成铠甲；穿在身上，渡江不沉，经水不湿，刀箭皆不能入，因此号为藤甲军。"

——摘自罗贯中《三国演义》第九十回

　　在《三国演义》中，曾有一支神奇的军队，他们出场时风光无限，却很快就死伤殆尽。这就是诸葛亮第七次与孟获斗智斗勇时被一把火摧毁的藤甲兵。小说曾借带来洞主之口介绍了这种甲胄的来源和威力，并描绘了蜀兵第一次遇见藤甲兵的情景："以弩箭射到藤甲之上，皆不能透，俱落于地；刀砍枪刺，亦不能入。"

　　这种神奇的甲胄，不但刀枪不入，而且重量轻、不怕水、透气性强，这在潮湿的南方地区，无异于"美国队长之盾"。那么，由藤条制作的藤甲，是如何既能防刀枪又能当救生衣的呢？

葡萄就是一种常见的藤本植物。

老式藤制桌椅。

　　我们首先可以从材料分析。制作藤甲的青藤生长在深山地区，一般体长数十米，而且茎干中有很多纤维，这使得它本身就具有很好的韧性，可以保证受力时不会轻易折断。藤条椅就是一种常见的藤制家具，想象一下坐在上面时身体下陷的感觉，就能对这种植物的韧性略知一二。

　　其次，也更为重要的则是其制作工艺。编织藤甲的藤条，要选用两年以上的青藤茎干。《三国演义》中提到，藤条采集后要"浸于油中，半年方取出晒之；晒干复浸，凡十余遍"，才能制成。反复浸泡和晾晒的过程使得桐油深深渗入藤木中，让藤甲更具韧性，而且由于桐油**亲水性**差且密度比水低，在加工过程中将藤木中的水分子"替换"出来后，原本就能浮于水的藤木密度会更小，在水中所能提供的浮力也更大，而人体的密度比水只大一点儿，因此身着藤甲的士兵可以漂浮于水面之上。

　　但藤甲的一大缺点在于制作工艺过于复杂，耗时太长。制作一副藤甲需花费两年的时间，而且损毁后很难修补，这使得它成本巨大，只能装备极少量士兵。相比之下，铁甲可以大规模生产且能回收利用，因此在古代战争中发挥着巨大作用。

亲水性是指分子能够通过氢键和水分子形成短暂键结的物理性质。

藤甲舞至今仍在贵州布依族中流传。

相对于制作工艺，用油浸泡才是这种盔甲最大的软肋——它极其怕火。人穿上浸透了桐油的藤甲，就像穿着被汽油泡过的衣服。诸葛亮正是看到了这一弱点，才设计将他们引到盘蛇谷，一把火葬送了这3万名刀枪不入的士兵。

虽然《三国演义》中有不少罗贯中虚构的情节，但作者对藤甲的性质、制作方法和缺点的描述却十分准确——因为藤甲是真实存在且历史悠久的传统防护工具。在我国西南地区，这种野兽也难以下口的藤甲帮助布依族人在极其恶劣的自然环境中生存下来，因此，他们相信藤甲中依附着祖先的神灵，并且在保佑他们。每次穿戴藤甲之前，布依族人都要举行隆重的祭祀仪式来表达对神灵的敬畏和感谢。

随着生活的安定和生产方式的转变，这种仪式也逐渐演变成了藤甲舞。藤甲舞模拟战争场面，双方队伍互相攻防，以手中兵刃击打对方身体所留白色印痕数量的多少来判定胜负。这种独具特色的民族体育项目既紧张刺激，又富有历史信息和艺术理念，因此被誉为传统民族舞蹈的"活化石"。

 知识点

桐油传统上用于涂抹保护木器，也是制造油布、油纸等防水材料的原料。在现代，桐油用于制作木器油漆、油墨和合成树脂等。

# 这个永动机靠谱吗？

■ 张文思

我们可以造出不耗能量、永恒运转的"永动机"吗？

答案当然是否定的。根据**能量守恒定律**，能量并不能凭空产生或消失，不管是烧油、耗电还是耗费人力，总得消耗点能量才能驱动物体。不过古往今来一直有人希望挑战这个规律，发明出"一本万利"的永动机，其中有些模型乍一看好像还挺有道理，例如利用浮力制作的装置。

> 能量既不会凭空消灭，也不会凭空产生，它只会从一种形式转化为其他形式，或者从一个物体转移到另一个物体，而在转化和转移的过程中，能量的总量保持不变。

我们来参观一下这个装置吧。

如图所示，在绳子上均匀地固定一串小球，小球的密度小于水。这串小球被固定在两个齿轮上，中间有一个盛着水的容器。这个容器两头都是开口的，底部通道的内径与小球直径正好相等，并且内壁是光滑的。

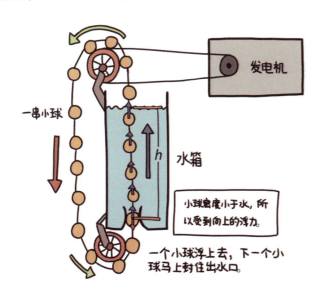

一串小球

发电机

水箱

h

小球密度小于水，所以受到向上的浮力。

一个小球浮上去，下一个小球马上封住出水口。

设计者认为，容器里的小球受到浮力的作用向上运动，一旦最顶端的小球要升出水面，其下的一个小球就会由底部进入水箱继续提供浮力，因此永动机将永不休止地转动。

怎么样，看上去好像是一个很不错的主意呢！这么简单的装置，阿基米德怎么就没想到呢？

其实这套装置制作原理，用浮力的基本定义就可以轻松破解。

物体在水中的浮力，是由物体在液体中受到的上下表面压力差造成的。液体的压强与深度有关，这样一来，小球下表面受到的压力就要大于上表面受到的压力。再用阿基米德原理，我们很容易计算出，一个完全浸没在水中的小球，它受到的浮力方向向上，大小是：

$$F_{浮} = \rho_{液体} \cdot V_{排} \cdot g$$

不过，对于那个刚刚要进入容器的小球来说，只有上表面受到水的压力，这个压力方向垂直向下，大小是：

$$F_{下} = h \cdot S_{瓶口面积} \cdot \rho_{水} \cdot g$$

由于最下面这个小球被绳子往上拉着，所以它还受到上面小球对它的拉力。(以所有小球为研究对象，忽略它们受到的重力)水中有 $n$ 个小球，浮力就是 $n \cdot F_{浮}$。

如果 $n \cdot F_{浮} > F_{下}$，小球就会向上运动。如果小球的半径是 $r$，那么：

$$V_{排} = \frac{4}{3} \pi r^3$$

瓶口和小球刚好一样大，那么瓶口面积：

$$S_{瓶口面积} = \pi r^2$$

把数据代入，就可以得到：

$$\frac{4}{3}nr > h$$

好像也不难满足。

不不不,$h$实际上也和$n$有关,最极端的情况下,瓶子里的小球一个挨着一个,此时$h \geq 2nr$。

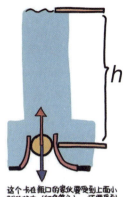

浮没在水中的每个小球都要受到向上的浮力(红色箭头)。

这个卡在瓶口的家伙要受到上面小球的拉力(红色箭头),还要受到水的压力(蓝色箭头)。

这样我们就得到了一个超级纠结的不等式:

$$\frac{4}{3}nr > h \geq 2nr$$

到这里,永动机的真相就揭开了,只要有最底部的小球拖后腿,上面一串小球的浮力都带不动这个小球,这个"浮力永动机"根本不会自己动。

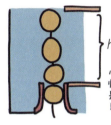

$h = 2nr$

小球紧挨着的情况下$h$最小,是小球个数乘以半径的2倍。

其实即使把它拽着启动起来,它也不会很给力。你一定能想到,和小球紧密接触不漏水,又能"光滑无摩擦"的容器,只能是理想中的状态,无法真正实现。何况,这个装置还没有考虑小球和空气的**摩擦**,齿轮和绳子的摩擦……人类设计机械的目标,仍是尽可能高效地利用能源,至于永动机的种种构想,最大的贡献可能就是让后人复习物理的基本定律了。

> 物理题一般会要求在"理想情况下"进行解答,但现实生活中的种种"误差"可能会使结果大相径庭。

**知识点**

浮力是由物体在液体中受到的上下表面压力差造成的,与物体在液体中的深度没有关系。试着用压力公式$F_压 = h \cdot S \cdot g \cdot \rho_水$推导浮力公式$F_浮 = \rho_水 g V_排$吧!

# 剪刀中的杠杆原理

■ 蔡导

剪刀是生活中很常见的工具。但是在剪刀的大家庭里有不少稀奇古怪的成员。剪刀的功能不同,其形状和设计也各不相同,而在其中往往蕴含着对于杠杆原理的充分利用。

一个固定点和一根能够绕着固定点旋转的硬棒就构成了一个杠杆。根据杠杆原理,**杠杆**的动力与动力臂的乘积,等于阻力与阻力臂的乘积时,就能保持平衡。在保持力和力臂乘积不变的情况下,希望使用更小的力就要有更长的力臂,希望使用更大的力就要使用更短的力臂。剪刀的设计,就是在各种功能和限制条件中充分权衡利弊的结果。

> 一根硬棒,在力的作用下能绕着固定点O转动,这根硬棒就是杠杆。杠杆是最简单的机械结构之一。

下图所示是一把最普通的剪刀,生活中常常用来剪纸等较容易处理的材料。我们可以观察到这种剪刀的一些设计特点。首先,这种剪刀的两个力臂大概相等,因此能够将手用的

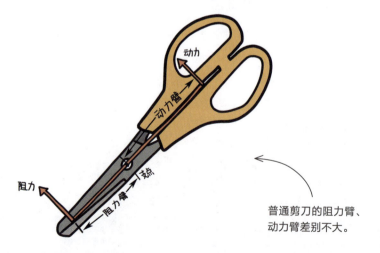

普通剪刀的阻力臂、动力臂差别不大。

力大致相等地传递到纸上。其次，把手侧覆盖了塑料，同时设计得较为圆滑以保护手指，而刀刃侧较为锋利，大大增加了受力面的**压强**。

根据公式 $p=F/S$，压强与力的大小成正比，与受力面积成反比。

在这种剪刀的基础上，人们根据使用场景的不同，制造了很多衍生类型。例如，在理发时，我们希望剪刀能够一次剪到更多的头发和更大的区域。这时，更大的剪切范围成为重要的考虑因素。

由于手指一次张开的距离是基本固定的，相当于动力臂不能改变，因此只能延长阻力臂。这样带来的问题就是手指会相对费力。相对而言，头发是一种较容易剪的材料，大拇指的力量就足以驱动剪刀将其剪断。因此，我们常见的理发剪就制成了这种有较长的刀刃，并且有一个适合拇指形状的短柄。

此外，有些理发剪还有一些其他具有针对性的设计。有些理发剪的刀刃设计成了梳子的形状，每一根梳齿相当于一把小的剪刀，确保在剪掉一部分头发的同时均匀地保留一些。

理发剪是典型的费力杠杆。

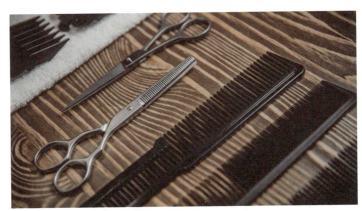

在另外一些情况中，我们需要剪切铁板、树枝等更坚硬的物体，更大的剪切力成为我们关注的重点。这意味着，我们需要延长动力臂，从而放大动力的效果。由此带来的问题是我们需要较大的动作距离，但由于铁皮、树枝的厚度往往有限，动作距离虽然变长，仍然在可控范围内，这个因素相对来说并不重要。基于这些考虑，人们设计了用于切割铁皮、树枝的园艺剪等专用剪刀。

我们可以看到这类剪刀的几个特点。首先，动力臂比阻力臂长得多，确保了动力能够被放大传导到被剪的物体上。其次，我们可以看到这类剪刀的刀刃是弯曲的。这种设计能够在剪刀尚未闭合的时候就将树枝等较细的圆柱形的物体卡在刀刃范围内，以防止其滑脱。这种设计对于剪纸、剪头发等情形而言没有什么意义，但对于切割树枝等情况却十分有用。

另外，园艺剪的两个把手之间有一根弹簧，这是为了缓冲树枝剪断的一瞬间对于手指的冲击力而设计的；在接近转轴的地方还有一个锁紧机构，防止不使用的时候剪刀意外弹开伤人。

园艺剪。

电工钳。

| 类型 | 用途 | 杠杆类型 | 其他设计特点 |
| --- | --- | --- | --- |
| 普通剪刀 | 剪纸,无特殊要求 | 等臂杠杆 | 把手圆滑,保护手指 |
| 理发剪 | 剪头发,范围尽可能大 | 费力杠杆 | 剪刀刃设计为梳子似的形状以均匀剪除一部分头发 |
| 园艺剪 | 剪树枝 | 省力杠杆 | 弧形刀刃防止树枝滑脱;锁紧机构和弹簧用以安全保护 |
| 电工钳 | 剪、剥电线 | 省力杠杆 | 不同尺寸凹槽,大凹槽更靠近转轴 |

我们可以简单总结一下剪刀的类型及其特点。

与此设计相类似的还有电工钳。电工钳为了剪断电线或切开电线的绝缘层,同样设计成拥有较长的动力臂。但是与园艺剪不同的是,我们可以看到其用大小不同的凹槽代替了园艺剪的弧形刀刃。这些尺寸不同的凹槽能够分别应用于不同尺寸电线的切割和剥皮。值得注意的是,越粗的电线越难以剪断,因此大的凹槽更靠近转轴,阻力臂更短,剪切力更大。

 知识点

一根硬棒,在力的作用下能绕着一个固定点(支点)转动,这根硬棒就是杠杆(lever)。
支点:杠杆可以绕其转动的点。
动力:驱使杠杆转动的力。
阻力:阻碍杠杆转动的力。
动力臂:从支点到动力作用线的距离。
阻力臂:从支点到阻力作用线的距离。
当杠杆在动力和阻力作用下静止或匀速转动时,我们就说杠杆平衡了。

# 两种原料助你练成水上漂

■ 窗敲雨

跳进游泳池里狂奔、蹦迪，可能吗？难道不是一秒沉底吗？并不会，只不过这个池子里不是水，而是一种非牛顿流体，具体来说是玉米浆糊。

在游泳池里戏水时，无论是轻轻划水，还是猛力拍打，水的触感并不会有多少差别。但如果把玉米淀粉与少量水进行混合，我们就会得到一种"吃软不吃硬"的流体，轻柔地搅拌它，会感觉它像其他流体一样顺滑地流动。而如果用猛力快速搅拌，就会感觉**阻力**突然增大。

> 妨碍物体运动的作用力。

像水这样在不同的受力状态下都保持着相同黏度的流体，属于牛顿流体。而如果黏度会随着不同的状态而改变，那么它就是非牛顿流体了。非牛顿流体有多种不同的表现，在这其中，玉米淀粉浆属于"剪切增稠流体"。"剪切"指的其实是液体层之间发生的平移摩擦，也就是说，越是猛力搅拌、摩

擦玉米淀粉浆，它就会显得越稠，甚至变得像固体一样。正是因为这种性质，人们可以把它在手上团成一个球，甚至还能快速地在淀粉浆表面跑动。不过，只要在上面站住不动，人就又会慢慢下沉。

对于非牛顿流体来说，作用于液体微元上的摩擦力除了与当前的运动状态有关外还与液体过去的运动状态有关，也就是说，此种液体有记忆效应。

牛顿流体是物理课上的经典内容，"**非牛顿流体**"这名字听起来有点非主流。但在现实生活中，非牛顿流体其实是极其常见的。除了越搅越稠的"剪切增稠流体"，还有恰好相反的"剪切稀化流体"——越是搅拌、摩擦，它们局部的黏度就变得越小。沼泽里的泥浆就属于剪切稀化流体，因而当物体或人陷入沼泽后用力挣扎，只会越沉越快。

餐桌上的番茄酱也是一个剪切稀化流体的例子，猛地拍打、甩动瓶子，番茄酱就会流动得更快。洗发水、沐浴露之类的物品则是被特意设计成剪切稀化流体的，当不受力时，它们是很黏稠的状态，这样倒在手上也不容易流走；而在施力涂抹的时候，又能把它们变稀，很轻松地涂开。

除了这两种情况之外，还有一种非牛顿流体现象在生活中也很常见。鸡蛋清、鼻涕、胶水这样的液体经常能观察到"拉丝"的现象，这种性质被称为"黏弹性"。这时，流体的表现就像是一条液体的"橡皮筋"。含有高分子聚合物的溶液经常会表现出这种性质。

各种各样的非牛顿流体是人们生活中重要的组成部分。了解它们的性质不仅能方便生活，而且也与人们的健康密切相关。在人体中，血液就是一种非牛顿流体（具有剪切稀化的性质）。只有认识到这个特性，才能准确地了解血液流动的规律。

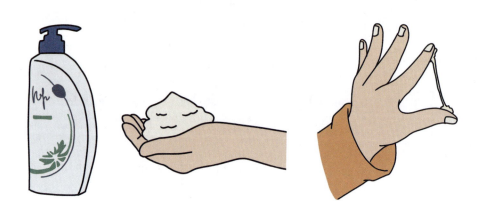

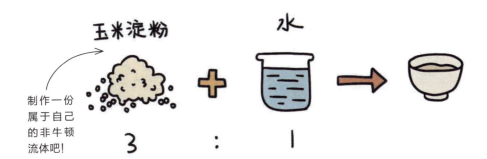

玉米淀粉    水

制作一份
属于自己
的非牛顿
流体吧!

3  :  1

说了这么多,非牛顿流体要怎么做出来呢? 把玉米淀粉和水以3∶1的比例混合(体积比,不需要很精确),就能得到一盆非牛顿流体。就这么简单! 混合好之后,一拳打下去试试?

 **知识点**

非牛顿流体(*Non-Newtonian fluid*)是一种流体力学的概念,与牛顿流体相对,它的应力与速度梯度的关系不服从牛顿黏性定律,也就是说其剪应力与剪应变呈非线性关系。

# 青藏高原的"定路神针"

■ 牟刚

《西游记》里有个定海神针,它能使东海保持风平浪静。这自然是神话传说了。可是你知道吗? 在又高又冷的青藏高原上,居然真的有帮助稳定公路路基的"定路神针"——无芯重力式热管。

如果你走公路进藏,就会注意到路边有很多奇怪的长杆,上面既没有路灯,也没有广告牌或者宣传画。它们主要出现在青藏线的可可西里段和新藏线上。这些长杆名叫"热棒"(无芯重力式热管是它的学名),保证公路地基的冻土一直处于冻结状态。

青藏公路边上的"定路神针"。图片来源:牟刚。

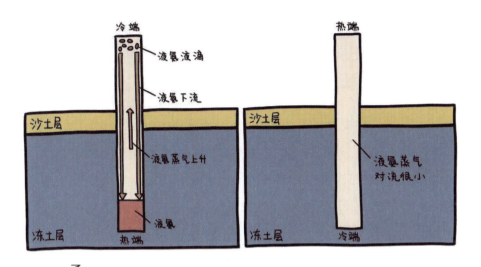

冷端 ← 液氮滴漏 液氮下流 液氮蒸气上升 沙土层 冻土层 液氮 热端

热端 沙土层 液氮蒸气对流很小 冻土层 冷端

"热棒"结构和其在冬天（左）、夏天（右）的工作原理示意。

青藏高原上的公路保持路面稳定平整并不容易。冬季地下土壤会随温度降低而**结冰**，并发生膨胀，在路面隆起一个个鼓包，这种现象叫冻胀；而到了夏季，冻土又随着气温升高而融化，这种现象叫融沉。反复的冻胀、融沉之后，路面会变得坑坑洼洼，影响行车安全。

为解决这个问题，我们的科研人员研制出了这款神奇的"热棒"，它能利用冬季的严寒，把深层土地冻到极低的温度，使得即便夏季来临时，冻土层也不至于融化。这样就形成了所谓的"永冻层"，避免了冻胀、融沉现象的出现。更神奇的是，"热棒"只会把热量从地下输送到地上，不会反向传热，因而夏天地上的热量无法通过"热棒"到达永冻层。它是怎么做到的呢？

在液态水中，分子间排列较紧密，当它们结成冰时，每个水分子通过氢键与其他 4 个水分子相连，这种结构很不紧凑，其内部空隙较大，因而水结成冰时其体积发生膨胀。

液氨（NH₃）指的是液态的氨气，是一种常用的非水溶剂和制冷剂也是除了水以外最常用的无机溶剂。不过由于它具有的挥发性和腐蚀性，液氨在储存和运输时发生事故的概率也相当高。

"热棒"其实是一个密闭的空心长钢管，其中下半部分有5m埋入地下，2m露出地面。钢管里面装有**液氨**作为传热介质。冬季气温很低，"热棒"的状态是上冷下热，因此液氨从土壤中吸热，蒸发成气体，气体的密度低，上升到"热棒"的顶部；热棒顶部被外界空气降温后，氨蒸气便会冷却、液化，在重力的作用下回到底部，这就是"无芯重力式热管"名称的由来。上述过程不断往复循环，就可以把深层土地冻得结结实实。

而到了夏季，由于气温升高，液氨全部变成了气体。此时"热棒"上热下冷，下部的气体密度大，所以对流很小，热量由上向下的传导很慢。也就是说，"热棒"只在冬季工作，将热量从地下传导到地上；而在夏季则不工作，不会将上面的热量传导到地下，是不是很巧妙呢？

说到循环工作物质，大家可能会第一时间想到水——它的**比热容**最大，价格又便宜。但为什么"热棒"里用了液氨而

比热容是指没有相变化和化学变化时，1kg均匀物质温度升高1K（K是指热力学温标，升高1K与升高1℃相等）所需的热量，通常用符号c表示，其国际单位制中的单位是焦耳每千克开尔文［J/（kg·K），J是指焦耳］。

传热介质要有合适的熔沸点，才能在工作过程中实现液态 - 气态的不断转化。液氨的沸点在零下 33.5℃，是一个很合适的数值。而水在零摄氏度以下就会凝固，地下的热量也不足以让水大量蒸发。你答对了吗？

没有用水呢？要仔细思考后才能看**答案**哦！

 **知识点**

相变是指物质在外部参数（如温度、压力、磁场等）连续变化之下，从一种相（态）变成另一种相（态）的过程。

物态变化表

| 相变前的物态　　　　　相变后的物态 | 固体 | 液体 | 气体 |
|---|---|---|---|
| 固体 | / | 熔化 | 升华 |
| 液体 | 凝固 | / | 汽化 |
| 气体 | 凝华 | 液化 | / |

一般来说，固体熔化、液体汽化、固体升华过程都需要吸热；气体液化、液体凝固、气体凝华都是放出热量。

# 当新鲜蔬菜"修炼"成腌菜

■ 小至

热

说起吃蔬菜，大多数人喜欢吃新鲜的，最好是产地直采，早上收菜，中午下锅。不过，你或许也看到过这种奇怪的场景：好好的蔬菜没被及时吃掉，反而被挂出来晒到萎靡干瘪，这是何意呢？

因为它们可不是用来清炒或者煲汤的，而是要历经"九九八十一难"修炼成——咸菜。

我们对咸菜的喜爱由来已久，什么榨菜、冬菜、芽菜、大头菜……要想吃遍还真不容易。最初，人们吃用食盐腌制的菜很简单。因为古时并没有温室和大棚，要在冬天吃上几口蔬菜实在是太不容易了。古人偶然发现，泡在盐或者盐水里的蔬菜，可以保持几个月不腐，还有独特的味道，后来他们就将这种加工蔬菜的方式留传并发扬光大。

制作脱水蔬菜。

各种蔬菜做成的咸菜。

一切物质的分子都在不停地做无规则的运动，温度越高，分子运动越剧烈。

蔬菜细胞中含有水分，而蔬菜中的水分子时刻在做无规则的自由运动，相当一部分水分子会离开蔬菜。这种运动和蔬菜所处的环境相关。在太阳下，高温会让水分子的**自由运动**加速，蔬菜会被迅速晒干。如果我们将蔬菜保存在冰箱里，蔬菜干得就慢一些。因为和温度相关，所以这种分子运动也就叫作分子的热运动。

这种运动不仅仅发生在水分子上，构成每种物质的微观粒子其实都在做着这样无规则的运动，所以将蔬菜放在食盐中的时候，氯化钠溶解出的氯离子和钠离子也在不停地运动，尝试进入蔬菜的细胞中。

水分子会跨过细胞膜这种差异透性膜，由低浓度区域移动至高浓度区域。这种现象叫作渗透。

蔬菜细胞的外层具有一层有生物活性的**原生质膜**，这层膜会阻止氯化钠进入，而无法限制水分子。当水分子从细胞中流失，使细胞失水之后，这层膜的活性被破坏，此时外界盐分才能够进入细胞中，蔬菜也就变得咸咸的了。

热

各种咸菜的制作方法略有区别，但是大致可以分为以下几个流程：

**处理原料（清洗或切小）→ 晒干脱水 → 加盐 → 调味 → 装坛**

处理原料是所有咸菜制作的第一个步骤，不同的原料需要经过预先的清洗，去除已经破烂腐败的部分，再切成方便食用的大小。

晾晒脱水的目的是让细胞的原生质膜失去活性，方便盐分进入细胞内部。同时，预先晒干也会降低蔬菜在腌制过程中腐败的风险。

随后就是腌制：让食盐和蔬菜充分接触，从而最大限度地让盐进入蔬菜中。很多地区在做咸菜的时候，第一次腌制除了使用盐之外，还会加稍许酒。高度数的酒也可以进一步抑制细菌滋生，还可以赋予咸菜不一样的风味。

洋葱躺在地上晒太阳。

112

虽然蔬菜已经经过了晾晒脱水，但是由于不同的蔬菜含水量不同，在腌制的过程中，很多的蔬菜还会经历第二次脱水，比如制作榨菜的原料芥菜，正式装坛之前，需要放在木榨或者竹包中**压一晚上**，让它的水分再降低。这也是榨菜之所以叫作"榨"菜的原因。

利用压榨的方式制成脱水的食物还有很多，比如豆腐。

在经过腌制和比较彻底的脱水之后，不同的咸菜品种会加入不同的调味料进行调味，比如榨菜会加入一些花椒等香料；冬菜需要加些许糖，然后再蒸熟，加入蒜泥。

最后一步就是装坛。调好味的咸菜都需要装进消过毒的坛子里，蔬菜才可以和调味品更好地融合。一般来说，装进坛中3个月左右就可以拿出来吃了。在开封之前，咸菜处于高渗透压的密闭环境中，盐分会扰乱细菌原有的渗透压，从而让附着在蔬菜上且让蔬菜变质的细菌失去活性。这样蔬菜也就不容易变质了，因此咸菜可以保存7~10个月的时间。

 **知识点**

不同物质在互相接触时彼此进入对方的现象，叫作扩散，其背后的原理便是分子热运动。

# 文具盒里的搭档

■ 温凉

热

铅笔、橡皮、尺子这些文具一直伴随着我们的学生生涯，就算中性笔成了写字的主力，这些文具也不可或缺。

你很可能有过这样的经历：包裹着橡皮的纸外壳不翼而飞，过不了多久，塑料尺子和橡皮就会抱在一起，很难拆散。即使用力拆散了，尺子上也会留下一些难看的印记。

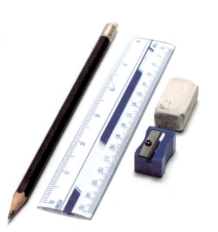

即便是夏天，室内的温度也很难让尺子或者橡皮融化，那到底是谁黏住了我们的文具呢？就让我们来调查一下这类案件的罪魁祸首，救救我们可怜的尺子吧。

首先，我们来对于这类案件进行分析：案件的受害人通常为塑料尺子，案件发生的时间一年四季都有可能，但是往往暑假期间更容易发生（毕竟暑假的时候，尺子、橡皮丢在一起的时间比较长……），在把它们拆开后，尺子上会留下印记，橡皮会有不同程度的变硬、变脆的情况。

既然"案件"发生的结果是它们紧紧地结合在一起，我们就把目光投向能够使物体连接在一起的力量——进行分析。常见的使物体黏合的力量包括机械互锁、静电吸附、磁力作用、大气压、化学键产生以及扩散作用。

首先，来看看机械互锁。这个作用非常常见，连接的两个物体依靠几何结构的关系进行结合，主要表现为建筑学、木工中的榫卯结构以及衣服上的拉链。当然，我们的尺子和橡皮都

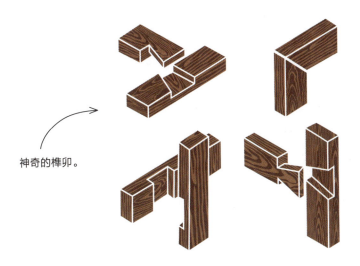

神奇的榫卯。

热

$$\left[\begin{array}{cc} H & H \\ | & | \\ -C & -C- \\ | & | \\ H & H \end{array}\right]_n \qquad \left[\begin{array}{cc} H & Cl \\ | & | \\ -C & -C- \\ | & | \\ H & H \end{array}\right]_n$$

现代最为常见的橡皮是合成橡胶，主要成分为聚乙烯或聚氯乙烯。

是平面的，不会形成这样的几何构造。

如果单看"粘一起"这个现象，似乎也有可能是静电或者大气压的作用。不过，这两种作用可不会让尺子与橡皮在分开后留下印记。至于磁性作用就更不可能了，它们可不会粘到铅笔盒上去。

被拆散了还要毁灭现场的，就只有化学键的产生和扩散作用了。这两个作用一种是化学反应，另一种是物理变化，要辨别出谁才是"真凶"，就要从"橡皮到底是什么"说起。

橡皮和尺子的材料的本质都是塑料，说起来橡皮还是尺子的亲戚。同为稳定的大分子，它们之间无论是物理扩散还是化学反应都不那么容易发生。难道所有解释都说不通吗？

问题出在其他成分上。同为塑料，橡皮质地柔软，和尺子等其他塑料制品大有不同，因为它并不是"纯洁"的塑料。为了防止橡

你还记得上一篇提到的扩散运动吗？它背后的原理是什么呢？

皮太硬损坏纸张，其中往往添加了植物油、塑化剂，它们与各种塑料都能融合在一起。橡皮和尺子长时间接触时，**这些分子会扩散到尺子中**，无须化学反应，也能让尺子面目全非。

虽然固体分子比气体、液体中的分子安静得多，但是固体中的分子热运动依旧是存在的，尺子、橡皮中当然也存在着这样的运动。这也是为什么"案件"的发生主要在夏天的原因，毕竟温度越高，热运动越剧烈。

那怎么保护本案的"受害者"尺子和橡皮呢？当然是不要让它们长时间贴在一起。最好别把包橡皮的纸壳或塑料皮弄丢，如果实在不放心，索性换一把铁尺子就好啦。

 **知识点**

常见的物质是由大量的分子、原子构成的；物质内的分子在不停地做热运动；分子之间存在引力和斥力。这就是人们用来解释热现象的分子动理论的初步知识。

# 声音有颜色吗？

■ 咖喱

声和光

　　白噪声、粉噪声、蓝噪声，这些都是什么？要回答这个问题，我们首先要回答颜色是什么？什么是白、粉、蓝。

　　光是一种电磁波，不同波长和频率的光颜色不同。在**可见光**范围内，频率低的光呈暖色，频率高的光呈冷色。频率由低至高，光的颜色按红、橙、黄、绿、蓝、靛、紫的顺序改变。如果将可见光范围内各个频率的光均匀地混合在一起，得到的则是白光。

> 可见光是指波长范围约在红光的 780 纳米（nm）到紫光的 380 纳米（nm）之间的一部分能够引起人们的视觉感知的电磁波。

　　而**声音也是一种波动**，不同频率的声音有不同的音调。人类能够听到的声音频率范围为20~20000Hz。如果我们将这一频率范围内所有频率的声音均匀混合，得到的就是"白噪声"。在这里，"均匀"的意思是指各频率声音的声强都相同。

> 声音的频率是指每秒物体周期性震动的次数，一般用符号 f 表示，单位为赫兹，记为 Hz。

　　如果家里曾经有老式的电视或者收音机，当它们收不到信号的时候，会发出让人稍感不适甚至刺耳的"嘶嘶"声，

红、橙、黄、绿、蓝、靛、紫，彩虹中光的频率越大，折射率越大，弯折角度也越大。

你知道吗？声音是有颜色的。

我知道！海浪的声音是蓝色的，森林的声音是绿色的！

想见语文老师，请出门左转。

有一种叫作"联觉症"的疾病，患病者在听到声音时会看到不同的颜色。

想见生物老师，请出门右转。

我说的是白噪声、粉噪声、蓝噪声……

老师你骗我，网上说，白噪声听起来像是雨声或者风声，这些声音都不刺耳啊。

你仔细想想，雨声、风声是不是都比上面的白噪声听起来柔和很多？

嗯……

这是因为，雨声和风声其实更加接近粉噪声。

粉嗓声又是啥？

这就是白噪声。

白光是柔和的，但白噪声为什么会刺耳呢？这是因为人耳对于不同频率声音的敏感性是不同的。

人类对于高频声音的感受力强，对于低频声音的感受力弱，所以当不同频率声音均匀混合时，人耳听到的会是高频声音占主导的、尖锐刺耳的声音。

于是人们按照声音频率分布的不同，提出了粉噪声、蓝噪声等概念。和白噪声一样，粉噪声也是各个频率声音的混合，但它的混合是不均匀的，低频声音强，高频声音弱。如果用坐标图来表示白噪声和粉噪声，如下页上图所示。

满是雪花的屏幕。

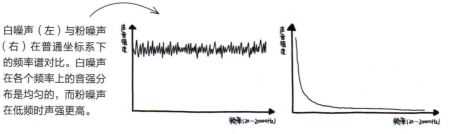

白噪声（左）与粉噪声（右）在普通坐标系下的频率谱对比。白噪声在各个频率上的音强分布是均匀的，而粉噪声在低频时声强更高。

由于人耳对低频声音的感受力弱，对高频声音的感受力强，所以在人耳中，不均匀的粉噪声听起来反而是高低频音强一致，比白噪声更加均匀。

自然界中的许多声音也是不同频率声音的混合，它们通常比较接近粉噪声，比如风声、雨声，以及风扇转动时产生的声音等。

和粉噪声相对，还有蓝噪声。蓝噪声和粉噪声相反，在低频强度弱、高频强度高。蓝噪声并不好听，但在计算机领域多有应用。

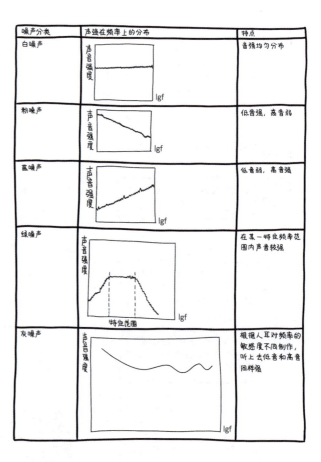

| 噪声分类 | 声强在频率上的分布 | 特点 |
|---|---|---|
| 白噪声 | | 音强均匀分布 |
| 粉噪声 | | 低音强，高音弱 |
| 蓝噪声 | | 低音弱，高音强 |
| 绿噪声 | | 在某一特定频率范围内声音较强 |
| 灰噪声 | | 根据人耳对频率的敏感度不同制作，听上去低音和高音同样强 |

*注释：几种噪声在对数坐标系（lgf）下的频率谱。这些噪声的强度符合对数分布，使用对数坐标系能够更直观地反映它们频率的分布。

老师，暑假去海边的时候我爸爸说，把耳朵贴在海螺上，可以听到大海的声音。这种声音应该也接近粉噪声吧？

懂得举一反三值得表扬。但是，这种声音并不是粉噪声，当然也不是白噪声。

这是海螺内空气接受外界能量发生轻微共振而产生的声音，这种声音的频率和海螺内空气的固有频率一致，所以并不是多频率的混合音哦。

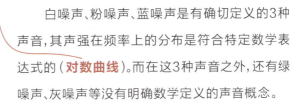

在数学中，对数（logarithm）是幂运算的逆运算。假如 $x = \beta^y$，则有 $y = \log_\beta x$，其中 $\beta$ 是对数的底（也称为基数），而 $y$ 就是 $x$（以 $\beta$ 为底数）的对数。底数 $\beta$ 的值一定不能是 1 或 0，常用的值是 10 或 2。

白噪声、粉噪声、蓝噪声是有确切定义的3种声音，其声强在频率上的分布是符合特定数学表达式的（**对数曲线**）。而在这3种声音之外，还有绿噪声、灰噪声等没有明确数学定义的声音概念。

绿噪声在一个特定的频率范围内声音较强，而在频率更高或更低时声音较弱。

灰噪声则是比粉噪声更加和谐的混合音，由于人对各个频率的敏感程度不同，灰噪声进行了相应的调整，虽然各频率音强分布不均，但人听起来感觉却是均匀分布的。由于人与人的听觉存在差异，严格意义上的灰噪声可以"个人定制"。

声音有颜色，而且还是五颜六色的。你知道了吗？

 **知识点**

### 声音的三要素：音调、响度、音色

音调是指声波振荡的频率，声波频率越高，音调越高；响度是指声波振荡的幅度，即音量的高低；音色是指声波的波形及频率带宽，波形不同（类正弦波、类方波）、频率带宽（复合音所含有音频的宽度或多少）不同，便会有与众不同的音色特性。不同的发声体由于其材料、结构不同，体现出不同的振动特点，则发出声音的音色也不同。例如不同的人因声带不同，说话唱歌时可以打开的声腔长度的不同而表现出不同的声音厚度，所以每一个人发出的声音也不一样。例如钢琴、小提琴等乐器和人发出的声音不一样。因此，可以把音色理解为声音的特征。

# 听不见的呼唤

■ 李新易

她叫Alice，是一头鲸，她很特殊，因为她的声音好像不太一样。

鲸大多结成族群行动，并且会用声音交流，鲸的"说话声"有个浪漫的名字——"鲸歌。"

但多数鲸发出和接收的声音频率范围是15~25Hz，属于**次声**，而Alice发出的声音频率却有52Hz。**正常人的听觉响应范围为20~20000Hz**，所以Alice所发出的声音能被人类听见，而对于大多数她的同类来说，却只是深海中无声的气泡。

当我们遇到老朋友时，我们会互相询问近况；当两只狗

声音是声源振动引发空气振荡产生的声波，广义上的声波是指所有空气振荡的声波，按音频的高低分为超声波（20000Hz以上）、可听声波（20~20000Hz）、次声波（频率小于20Hz）。超声波和次声波不能使人耳感知到。

物体振动得快，发出的音调就高；振动得慢，发出的音调就低。物理学中用每秒内物体振动的次数——频率来描述物体振动的快慢。频率的单位为赫兹(Hz)，简称赫。

Alice是谁，属于哪种鲸，目前还没人知道。图中鲸为示意，并非Alice。

安静的大象。

狭路相逢时，它们会发出低吼来逼退对方。声音是人类及其他动物获取信息的重要方式。

而对于行走在草原上的大象种群，我们只能听到它们沉重的行走声和咀嚼声，却丝毫听不到它们的"交谈"。这是因为大象通过发出和接收次声波进行交流。

大象的鼻腔很大、很长，所以它们振动声带发出的声音经过鼻腔的共鸣之后，频率只有**10Hz**左右，属于次声波。次声波这种低频率的声音可以使地面产生有力的震动，这种特别的震动传播的距离可达几十千米，比直接传播的距离远得多，而大象可以通过灵敏的象鼻和象腿接收并且理解这种震动。大象食量很大，一个地区能容纳的大象数量有限，所以与其他象群保持距离的同时，通过次声波来交流是一种必要的生存手段。

如果一个物体在1s的时间内振动10次，它的频率就是10Hz。

次声波的频率比人的感知范围要低，但人们可以通过仪器探测次声波，获取声波中的信息。

1964年10月16日，我国成功地爆炸了第一颗原子弹。

可是，当我国还没有对外公布消息时，某些外国媒体却已经做了大量报道。正是核爆炸产生的次声波泄露了核爆炸的机密。

雪崩、地震、火山爆发和恶劣天气时常会发出次声波，例如海洋风暴中的海浪相互作用会产生大约0.2Hz的次声振动。

次声波衰减速度很慢，也不像其他频率的声波一样容易被水和空气吸收。同时因为次声波的波长往往很长，能绕开大型障碍物发生**衍射**，所以在灾难之前，有可能通过接收、分析次声波来预测自然灾害。

波的衍射是指在波的传播方向上遇到障碍物或者小孔时，波可以绕过障碍物继续传播的现象。

有些动物由于天生能接收次声波，并且理解次声波所携带的信息，从而在灾害来临之前能及时躲避。在这一点上动物倒是领先于我们人类许多。

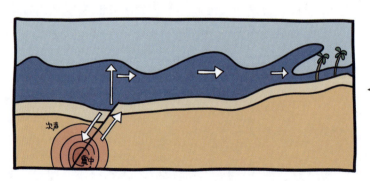

海啸发生时，伴随有次声波的发出。

2004年12月26日东南亚海啸灾难之后,有报道称泰国受过训练的大象在海啸袭来之前变得十分激动并且逃跑到地势高的地方,结果使骑在它们背上的游客得以生存。因为在海啸离海岸线还有一定距离的时候,大象就通过它们的象鼻和四肢接收到了海啸发出的次声波,从而提前转移到了安全区域。

| 介质 | 声速 (m/s) | 介质 | 声速 (m/s) |
| --- | --- | --- | --- |
| 空气(0℃) | 331 | 冰 | 3230 |
| 空气(15℃) | 340 | 铜 | 3750 |
| 煤油(25℃) | 1324 | 铝 | 5000 |
| 水(常温) | 1500 | 铁 | 5200 |

 **知识点**

声音传播的快慢用声速描述,它的大小等于声音在每秒内传播的距离。
声速的大小跟介质的种类有关,还跟介质的温度有关。

# 怎么知道自己能跑多快?

■ 庞蜜

声和光

天上飞的、地上爬的、水里游的……世间万物都在运动,只不过因参照物不同而有快慢之分。

为了掌握不同物体的运动规律,制造出更便捷、更强大的工具和设备,测速就成了一个重要的任务。

还记得课本上是怎么教你测算速度的吗?

大多数测速方法,核心原理都是利用速度的定义,即物体**运动的位移除以运动所用的时间**。如果是变速运动,为了获知速度怎样随时间变化,可以通过缩短测量时间、增加测量次数来实现。

随着人类科技的飞速发展,目前对于长度和时间的测量,已经能达到很高的精度,比如长度可以测量到亚原子级别(约$10^{-12}$m),原子钟的计时精度可以达到$10^{-15}$s(上千万年才有1s的误差)。

加上超声波、电磁波、激光这些工具,理论上,我们在地面上

> $v=\Delta s/\Delta t$
> 当 $\Delta t$ 无限小时,得出的 $v$ 即为瞬时速度。

汽车仪表盘。转速表(左侧)一般是测量引擎曲轴上的转速,单位为千转/分钟(1000r/min),速度表(右侧)测量汽车的瞬间时速,单位为千米/小时(km/h)。

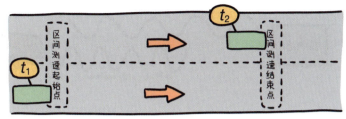

区间测速原理图。

测速区间距离（$s$）：一般为10~20km。
车辆在该区间内的行驶时间为：$t=t_2-t_1$。
车辆在该区间内的平均速度为：$v=s/t=s/(t_2-t_1)$。
如果车辆的平均速度（$v$）大于该区间的限速值则表示车辆在该区间内超速。

看到的一切物体都能测速。

早期，对于带轮子的交通工具，被用来测速的是机械式的转速测量仪器。速度表与转轴直接相连，可以直接测量车子轮轴的转速。

现在用得更广泛的是测速传感器，利用光电或磁电原理，产生周期性的电信号，并据此算出速度。

在高速公路上出于安全考虑，必须严格控制车辆的速度。

这时候常用的测速方法为区间测速，就是在路上固定两个监测点，记录车辆通过的时间，据此计算区间内的平均速度。记录的方法可以多种多样，比如违章者都害怕的超速拍照。

还有一种是雷达测速，利用了光波的多普勒效应。

物体运动时，碰到仪器发出的光波，反射波的频率会因此发生变化。频率的变化和物体速度有关，利用这个特点，只发出和接收一个脉冲信号就可以获得车辆的速度信息。

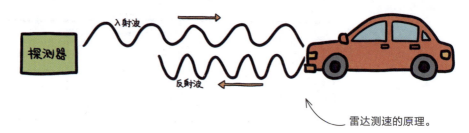

入射波

探测器

反射波

雷达测速的原理。

对于一些高速运转无法近距离测量的物体,测速方法可谓花样百出。

飞机的速度是怎么测出来的? 答案是利用飞行时受到的气流压力。

飞机上自带测速用的空速管,又叫作大气传感器。飞行时气流从空速管流入,管内的感应器能测出**气流的压力**,而气流压力和飞行速度有关,通过计算就能知道速度。

空气是一种流体,流速越高,压强越小。

另外飞机上都有惯性测量装置,能测量飞机的加速度(速度随时间的变化),通过一些数学处理也能算出速度,不过这种方法的精度会随飞行时间的增加而下降。

还有一个"大招"可以测量地球上几乎所有的交通工具的速度,那就是GPS测速。

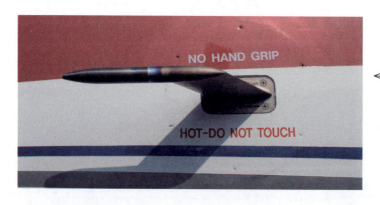

NO HAND GRIP

HOT-DO NOT TOUCH

飞机上的空速管。

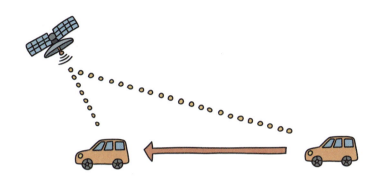

道路测速器。

　　只要你在物体上放置卫星定位装置,通过接收天上几个不同位置的卫星发出的精确时间信号,就能精确定位物体的位移和时间,测速自然是小菜一碟。

　　运动场更是各种测速黑科技大显身手的地方。比如在网球、羽毛球等各种高速球类运动中,常见的测速手段是雷达测速枪和速度追踪系统。赛场边设置的雷达测速枪,通过电磁波的频率改变来计算球的瞬时速度。在赛场高空处设有速度追踪系统,多架高速摄像机追踪球的飞行轨迹,以记录下运动员在绝杀扣球时,球所能达到的最高速度。

## 知识点

速度是表示物体运动快慢的物理量。匀速直线运动中,速度等于物体通过的位移除以所用的时间。物体在某一时刻的瞬时速度$v$则定义为位置矢量$r$随时间$t$的变化率$v = \dfrac{\mathrm{d}r}{\mathrm{d}t}$。

# 光速是怎么测出来的？

■ 庞蜜

声和光

如果让你测量小车匀速直线运动时的速度，你会怎么测？这问题太简单了：让小车走一段距离，用米尺量一下位移，用秒表记录下时间，用位移除以时间就完成了。

可是，如果要测的是**每秒约30万千米的光速呢**？

你会发现根本找不到足够长的尺子，或是足够精确的表。这个问题有多难？难道在历史上相当长的时间里，人们都认为光速无限大，可以瞬间传播任意距离。这虽然"符合"生活常识，但也有人不认可这个说法。

伽利略曾设计实验测量光速，设计思路简单但很有启发性。在漆黑的夜里，他和助手们分为 $A$，$B$ 两组，每组手拿一盏煤油灯和一个机械钟摆，分别登上相隔很远的山峰。当 $B$ 组看到 $A$ 组灯亮了就开灯，之后 $A$ 组看到 $B$ 组灯亮就关灯，$B$ 组看到 $A$ 组灯灭也关灯，$A$ 组看到 $B$ 组灯灭再开灯，如此反复并记录灯开关的时间，尽可能排除随机误差，测量灯光在 $AB$ 两组所在地之间往返的时间。

好像是个不错的实验方案？可惜人的反应时间就有0.2秒（这还是运动员级别的优秀成绩），说长不长，但是足够光飞出去6万千米了……

用距离和时间计算光速，需要一个超大的距离，在计时手段落后的时期更是如此。所以，第一个证明光速有限的人是位

> 真空中的光速是宇宙间最快的速度，在物理学中用字母 $c$ 表示。光在空气中的速度非常接近于 $c$。光在水中的速度约为 $3/4c$，在玻璃中的速度约为 $2/3c$。

伽利略设计的光速测量方案。

观测木星的天文学家——罗默。

当木星的卫星运动到木星背面，就会发生类似"月食"的木卫食现象，从地球上看，卫星会突然消失一下再出现。罗默发现，当地球接近和远离木星时，木卫食发生的周期（这个周期很短，不到两天）不同，这正是光速有限的证据。

地球接近木星B时，地球在轨道上的F点看到卫星开始"月食"，卫星转一圈再发生月食时地球在更近的G点，月食周期晚开始、早结束；地球远离木星时，在L点看到月食开始，在更远的K点看到下一次月食开始，周期早开始、晚结束。1676年，他经过仔细推算，准确预言了木卫食的发生时间。惠更斯根据他的观测数据，算出光速大概为22.5万千米/秒。

人类第一次在实验室中测得光速则要等到1849年。法国人菲索在前人思路的基础上设计了一个让人拍案叫绝的方案：

一束光从右上角的光源射向半透明镜,反射一次,光经过齿轮,有幸没被挡住的光线被远处的镜子反射,回来时第二次钻过齿缝,最终穿透半透镜,右边的观察者就可以看到。

现在让齿轮旋转起来,由于光速有限,如果齿轮转速够快,第一次穿过齿轮的光线,返程时刚好碰上遮光的齿,人就看不到光了。这时让齿轮转速继续增大,直到光线返程时齿轮正好转过一个齿,于是光线通过下一个齿缝正好被看到。根据齿轮的转速以及反射镜的距离,就能计算出光速。

即便设计如此精妙,但是由于光速太快,这个实验并不容易做。菲索当年将镜子移动到8千米之外,齿轮的齿数增加到720个,终于在转速接近每秒13圈时,观察到了光返程时产生的遮光现象。

此后许多科学家通过改进实验装置,将测量精度不断提高。其中美国科学家迈克耳孙的旋转棱镜法最为突出。1926年,两块巨型凹面镜被设在相距35千米的山上,光速的测量结果能准确到6位有效数字。

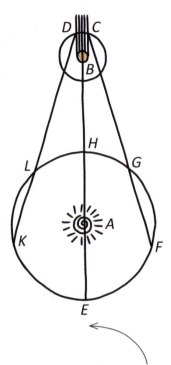

罗默测木卫食周期方法示意图,其中$A$是太阳,$B$是木星,木星卫星在上方较小的圆轨道运行,地球在下方圆轨道运行。

旋转齿轮法简化图,实际的测量光路还要用到大的凸透镜和望远镜。

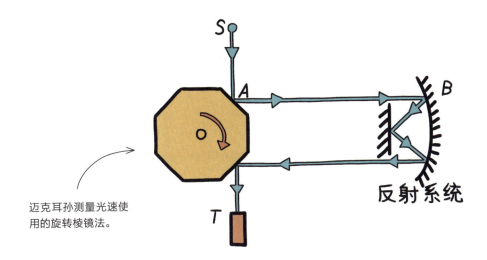

迈克耳孙测量光速使用的旋转棱镜法。

反射系统

今天,我们知道光是电磁波,又有了激光和现代光学技术,精确测光速的方法已有很多,可以用波长乘频率计算光速,不再需要把设备放那么远的距离。但在那个缺乏高科技的年代,科学家们通过设计奇妙的实验方案破解难题,仍留给我们许多启示。

 知识点

光在真空中的速度约为$3×10^8m/s$。根据狭义相对论,光速是宇宙中所有的物质运动、信息传播的速度上限。

# 当充电宝用的火车

■ 量子猫妖

在日常生活中,我们不难看到这样的现象,当我们骑车上坡的时候,如果不蹬自行车,车子会逐渐停止;而在骑车下坡的时候,即使不蹬自行车,车子也会越来越快。另外,在玩过山车时,每次车子爬坡到轨道顶端的时候,有那么一刻,心跳仿佛停止了,而当俯冲到轨道底部的时候,高速掠过的景物又让人眼花缭乱。

在很多时候,物体的高度和速度像是一对奇妙的存在,二者此消彼长。如果除重力以外,物体受到的合外力为零,那么在物体质量固定的情况下,动能越小,重力势能越大;反之,动能越大,重力势能越小。也就是说,好像在此时物体**能量**的大小是固定的,而且这些能量只能选择是去做动能还是去做重力势能—— 要么变得更快,要么变得更高。这样的规律到底有什么

> 物体能够对外做功,我们就说这个物体具有能量,简称能。

目前大部分火车为电力驱动。

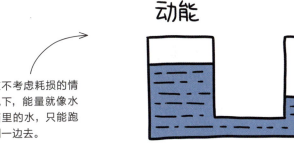

动能　　　　　势能

在不考虑耗损的情况下，能量就像水箱里的水，只能跑到一边去。

作用呢？让我们来看一个在陆地上速度很快的物体——火车。

目前火车一般通过电力驱动，普通高铁运行的速度可以达到350km/h，耗电功率可达9600kW。每次火车启动的时候，需要发电系统通过电网提供电能来加速，而当火车停靠站台的时候，火车会减速到完全静止。如果简单地靠空气和地面的摩擦来减速，不仅需要很长的距离，同时由于**摩擦消耗的能量**是无法被收集并且再次使用的，相当可观的电能就会这样被浪费掉。另外，虽然发电系统和电网有着较为稳定的能量输出，但由于人类生活用电和工业用电主要集中在白天，电力供给往往呈现出白天紧张而夜晚富余的规律。

摩擦会将火车的机械能转化为内能，即摩擦生热。

这个时候我们刚才的结论就显得非常有用了，与其让富余的电能被浪费掉，为什么不把它以重力势能的形式暂时储存起来呢？为此，美国加利福尼亚州的一个公司设计了一种"高级铁路储能系统"，即系统的重力储能技术。该系统的核心理念是在电网电力富余时利用多余的电力驱动火车爬上一座小山，在此过程中，电能变为火车的**动能，再逐渐转变为火车的重力势能**；而当电力紧张的时候，火车从山顶冲到山下，重力势能转变为动能，带动火车上的发电机高速运转，为电网补充电力。

动能和势能可以相互转化。

由于是利用重力势能储存能量，这种储能系统的储能能力主要取决于火车的重量和山坡的高度。目前，在美国南内华达州一处已经建成的阿瑞斯（Ares）系统中，火车通过携带大石块将重量增加到9280t，通过爬上一个约610m的高坡，能够实现56MW的功率存储，而在下坡的过程中能够输出44MW的功率，相当于可以满足1.5万户家庭半小时的用电需求。

相较于目前常用的电池储能系统，Ares系统"石块+火车+铁轨"的设计维护起来更为简单，并且性能不易因老化而衰退；而与需要依赖于河流大坝的抽水储能系统相比，Ares系统对于生态的影响又相对较小。从某种意义上来说，这种重力势能和动能的相互转化构成了一种非常简单有效的储能系统。

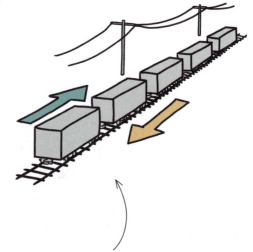

Ares系统运输石块示意。向山下行驶时，车厢产生的能量输送到电网。

 **知识点**

动能、重力势能和弹性势能统称为机械能。在只有重力做功的情形下，物体的动能和重力势能发生相互转化，而机械能的总量保持不变。这个结论叫作机械能守恒定律。

# 功率最高的地方在哪里？

■ 云销雨霁

生物体常常具有种种神奇的特性与功能，有时候甚至超越了人类精心制造的仪器。有的生物充满了化工天赋，比如变身塑料生产器的变形菌；有的侦察能力登峰造极，比如猎食的猛禽。一切生命活动都需要消耗能量，也就是做功，所以生物体的很多特性都受到了可支配功率的限制。

根据细胞结构，细胞生物可以分成有**细胞核**的真核生物和没有细胞核的原核生物。对比真核的眼虫与原核的细菌，很明显的差别是，眼虫体型虽小，但是细胞内部的结构看起来十分复杂；大型细菌的体型很大，但是内部结构看起来却很简单，大部分体积被液泡填充，只是"虚胖"；大多数原核生物体型很小，只有几微米长，也没有复杂的细胞内部结构。为什么会有这样的差异呢？

细胞核是真核细胞内一个非常重要的结构，在细胞生命活动中起着主导作用。细胞核的主要功能是储存和复制遗传信息，在很大程度上控制着细胞的分裂、生长、分化、衰老与凋亡等生命活动。

这便是眼虫了，它可称得上是小得很精致呢！

形成复杂的结构，需要生物体编码合成相关的蛋白质，并进一步合成这些结构所需的脂类、糖等其他分子。这一切都要从细胞的能量预算里面出。

细胞可以支配的能量，大多数来源于一种名为ATP（三磷酸腺苷）的分子。在原核细胞中，ATP主要在细胞膜的部分区域合成，细胞可支配的功率通常处于 $0.1 \sim 0.5pW$（$1pW = 10^{-12}W$）；在真核细胞中，ATP的合成转移到了细胞中的线粒体内，一个细胞可以拥有大量线粒体，ATP合成速度大大加快，可支配的功率通常在 $20 \sim 2000pW$。真核细胞的可利用功率，比原核细胞高了几个数量级，因而有足够的能量合成、维持更加复杂的细胞结构，并且细胞之间可以进一步组织成为复杂的多细胞生物。

**为什么一定要比较功率，而不是做功的多少呢**？对于单细胞生物来说，时间就是生命。如果一个细胞比其他细胞生长、分裂更快，它就能更好地自我复制，抢占资源。如果功率不如别人，就只能在能量开销上尽量节俭，让自身的结构更加简单，从而更容易复制了。

> 在国际单位制中，功率的单位是瓦特，简称瓦，符号是W。1s内完成1J的功，功率就是1W。

> 不同物体做相同的功，所用的时间可能不同，时间短的做功快。

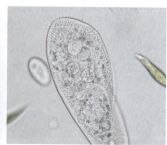

显微镜下的大肠杆菌（左）和草履虫（右）。

类似的制约在高等生物中也存在。人类似乎天生就不太容易获得强壮的肌肉。"肌肉男"一旦不再撸铁健身，很快就会变成"脂肪男"。其他动物似乎要容易得多。雄狮在捕猎中出力有限，大多时候靠雌狮集体围猎，抓到猎物之后，雄狮大吃一顿就去睡，从来不会考虑健身。但是雄狮的肌肉状态却保持得相当不错。

其中一种解释就是，人类的大脑过于庞大，以至于原始社会中的人类难以维持能量供给。在静息状态，人体各部分组织的每日能量消耗如下表所示。

| 组织/器官 | 能量消耗/($kcal \cdot kg^{-1}$) |
|---|---|
| 肝脏 | 200 |
| 心脏/肾脏 | 440 |
| 大脑 | 240 |
| 骨骼肌 | 13 |
| 脂肪 | 4.5 |

注：1kcal ≈ 4.2kJ。

成年人的大脑重量是1.3~1.5kg，约占体重的1/50，总功率消耗是15~20W，高居身体器官能耗榜首位（一直在辛勤工作的心脏，单位重量能耗更大，不过心脏比大脑轻得多，总功率略逊一筹）；与之对比，人类全身功率为80~100W。也就是说，人体1/5的功率需要供应给大脑，这是非常惊人的数字。相比之下，狮子的大脑只有200~300g，成年雄性狮子的体重可以达到200kg，大脑消耗的能量占全身的比例很小。

人的大脑功耗有多大？大概相当于一个15~20W的节能灯泡。

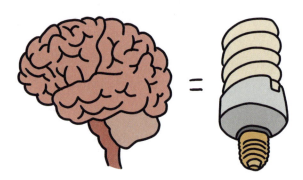

前面表格的数据是人类在静息状态的能量消耗，骨骼肌处于"节能模式"，然而大脑不存在"节能模式"，只要正常工作，功率就不能降低。人类的祖先在有限的食物供给下，就只好减少肌肉，增加脂肪，开源节流。这样演化或许帮助我们的祖先度过了食物短缺的困难时期，但是却有些不适应物质充裕的现代社会了。

 知识点

我们用功率来描述物体做功的快慢，若物体在时间$t$内做的功用$W$表示，功率用$P$表示，则$P=W/t$。

# 身体里的小水车

■ 云销雨霁

明朝的《天工开物》一书中记载了我国古代的许多简单机械。它们组合了诸多齿轮、轮轴，协助完成简单的农务。比如一种水车就由水力驱动大轮，再借助一个轮轴驱动后面的齿轮，完成提水的工作。

类似于这种明代水车的"机械"，在我们的身体里也有。说来可能难以置信，几亿年前它就已经出现了，而且至今仍然存在于几乎每一个细胞。

我们的细胞里有许多被称为线粒体的微小结构。它为我们的细胞合成一种储存了化学能的分子**ATP**。我们细胞的诸多生命活动需要ATP提供能量。在线粒体中，大部分的ATP是通过ATP合成酶合成的。这个蛋白质复合体组成的分子机器，恰好与明代水车的结构十分相似。

> 三磷酸腺苷（ATP）。

线粒体内膜上有大量的ATP合酶，这个蛋白质机器包含了F1和F0两个部分，F0镶嵌在膜上，F1则紧贴着F0。F0的结构如同一个齿轮，而氢离子类似于水；当氢离子从膜的一侧流向另一侧的时候，氢离子驱动F0的"齿轮"结构转动，进而

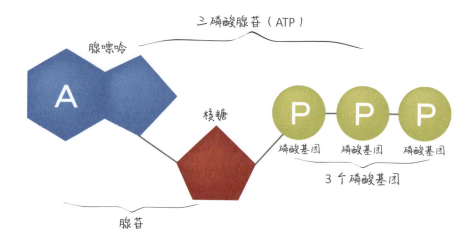

三磷酸腺苷（ATP）

腺嘌呤

A

核糖

P P P

磷酸基团　磷酸基团　磷酸基团

3 个磷酸基团

腺苷

通过中间的转轴驱动上面的F1部分转动。F1部分在转动时，蛋白质不同部分间的相互作用会发生改变，从而导致ATP化学键的形成。

　　ATP的化学键中存储了大量能量，那么这些能量是从哪里来的呢？线粒体中不断进行众多的代谢，这些化学反应源源不断地向线粒体的内外膜之间输送氢离子，最终使得线粒体内膜两侧积累了巨大的氢离子浓度差。浓度的差异是一种势能，被称为化学势能。由于氢离子带正电，氢离子在内膜的外侧积累的同时，也使得正电荷在线粒体内膜的外侧积累。积累的电荷中储存了电势能。ATP合成酶，正是被化学势能与电势能（合称电化学势能）驱动而转动的。在这个过程中，跨越线粒体内膜两侧的电化学势能，转化为ATP合酶分子的动能，又进一步转化成了ATP分子中的**化学能**储存了起来。

化学能是指储存在化合物的化学键里的能量。

能量的存在形式多种多样,而且不同形式的能量可以相互转化。

《天工开物》里面的水车由流水驱动,高处的水的势能转化为了水车动能;水车进一步带动后面的齿轮转动提水,把动能又转化为了势能。这一系列能量的转化,与ATP合成酶中的过程异曲同工。**不同能量形式,通过做功的方式相互转化,而总量又保持守恒。**

值得一提的是,电化学势能经过ATP合酶转化为ATP中的化学能,是彼得·米切尔在20世纪60年代提出的化学渗透假说的一部分。在那个年代,人们对于细胞膜的性质还了解不多,对于蛋白质结构的认识才刚刚起步。这个假说远远超前了那个时代,却在时间的检验中不断得到了证实。

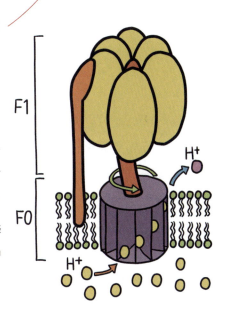

**知识点**

大量事实表明:能量既不会凭空产生,也不会凭空消失,它只能从一种形式转化为另一种形式,或者从一个物体转移到另一个物体,在转化或转移的过程中其总量不变,这就是能量守恒定律。

# 原子能的正确使用方法

 赵洋

早在20世纪初，得知居里夫人提炼出放射性元素镭之后，俄罗斯航天之父齐奥尔科夫斯基就预言："一吨重的火箭只要用一小撮镭，就足以挣断与太阳系的一切引力联系。"为了实现齐奥尔科夫斯基的预言，向更遥远的宇宙深处进发，科学家们一直潜心研制一种能长时间高速运行的航天运载工具——核火箭。

20世纪30年代，物理学家认识到**原子核是由质子和中子组成的，强大的核力把质子和中子紧密地结合在一起**。由于核力异常强大，要分裂原子核或把原子核融合到一起是极其困难的。但是，只要能让原子核分裂或结合，就会释放出巨大的能量。这种能量就是核能。通常**有两种方法获取核能**：裂变和聚变。质量较大的原子核分裂成质量较小的原子核时会释放出巨大的能量，即核裂变；质量较小的原子核聚合成质量较大的原子核，也会释放出巨大的能量，即核聚变。

煤、石油、天然气等矿物燃料燃烧时释放的能量，来自碳、氢、氧的化合反应。一般化学炸药如TNT爆炸时释放的能量，来自化合物的分解反应。无论哪种化学反应，碳、氢、氧、氮等原子核都没有变化，只是各个原子之间的组合状态有了变化。核反应则与化学反应不一样。在核裂变或核聚变反应里，参与反应的原子核都转变成其他原子核，原子也发生了变化。过去，人们把利用核反应产出能量的武器称为原子武

> 原子中质子带正电荷，其电荷量跟核外电子电荷量相等；中子不带电。质子和中子的质量几乎相同，它们构成非常小的原子核，就像几颗豆子挤在原子这个大广场的中央。

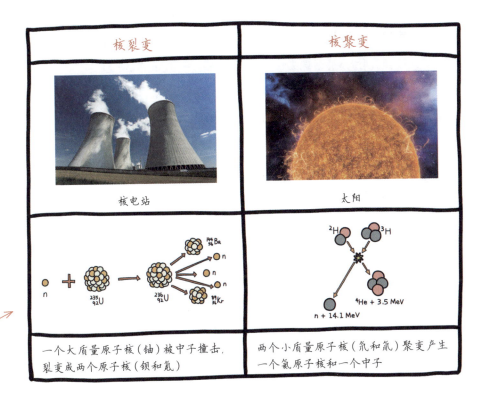

| 核裂变 | 核聚变 |
|---|---|
| 核电站 | 太阳 |
| 一个大质量原子核（铀）被中子撞击，裂变成两个原子核（钡和氪） | 两个小质量原子核（氘和氚）聚变产生一个氦原子核和一个中子 |

器，但实质上是原子核的反应与转变产出的能量，所以叫核武器更为确切。**核武器**爆炸时释放的能量，比只采用化学炸药的常规武器要大得多。例如，1kg 铀全部裂变释放的能量为 $8 \times 10^{13}$ **焦耳**，比1kg TNT炸药爆炸释放的能量 $4.19 \times 10^6$ 焦耳大2000万倍。

核武器有氢弹、原子弹、中子弹、三相弹等。

焦耳（J）是能量和做功的国际单位。

"沙皇炸弹"造成了巨大的蘑菇云，它是冷战期间苏联所制造的氢弹，共制造了2枚，其中一枚于1961年10月30日在新地岛试爆，另一枚为研究备用。它是人类至今所引爆过所有种类的炸弹中，在体积、重量和威力上均为最强大的炸弹。

自从科学家在1938年发现了核裂变的秘密后，一个毁灭的梦魇就在人类头上挥之不去。由于第二次世界大战的需要，核裂变被首先用于制造威力巨大的核武器——原子弹。美国在日本广岛与长崎投掷的原子弹加速了战争的结束，但也造成了难以估量的破坏。新的更大威力的核聚变武器——氢弹又登上历史舞台，有识之士开始担心人类未来的命运。掌握了能量如此巨大的武器的人类将走上自我毁灭之路还是继续发展下去？科学家通过开发核技术的和平运用，给出了自己的答案。

核火箭的设想最早由美国核科学家乌拉姆提出。其原理

# 核能

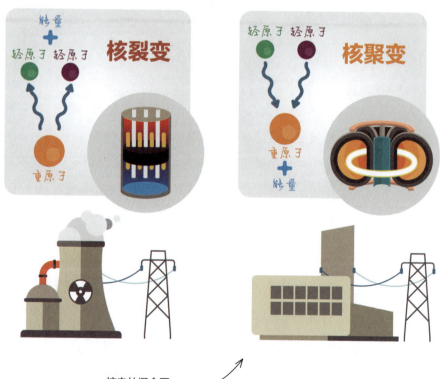

核电站概念图。

是使一颗颗小型原子弹在飞船尾部相继爆炸而产生推力。如果每颗原子弹的爆炸当量为1000吨TNT，估计爆炸50颗原子弹后飞船速度可达12km/s。1958年，美国核科学家泰勒在此基础上提出了"猎户座"计划。按泰勒的设想，每颗原子弹的爆炸当量为2000吨TNT，爆炸50颗这样的原子弹后，飞船的最大速度可达70km/s。该计划被用于发射大型载人行星际探索飞船，可以用125天飞到火星，用3年时间飞到土星。

猎户座火箭采用核裂变脉冲推进的方式前进。简单来说，就是用一连串原子弹爆炸来推动飞船。因为原子弹是彼此分开的个体，所以发动机采用脉冲的方式工作，而不是连续运转。类似于汽车发动机，虽然燃烧的最高温度远大于气缸和活塞的熔点，但是发动机仍然保持完好。这是因为气缸内部达到最高温度的时间，同整个循环工作周期相比仅仅是很短的一瞬间。

核弹爆炸产生的辐射尘中含有大量半衰期很短的放射性元素，相当致命，动物表皮沾染后可引起皮肤β射线损伤，进而可以导致整条食物链的污染。

猎户座计划几乎没有任何明显的技术缺陷。然而，它却有一个最大的弱点，那就是它依赖原子弹爆炸作为动力。当它在大气层内飞行时，必将释放出**核辐射尘**污染地球环境。这也正是猎户座计划最终没能实现的原因之一。

20世纪70年代，英国星际学会提出了"代达罗斯计划"，计划使用核聚变火箭推进的无人飞船对太阳系以外的恒星系统进行快速探测。根据这个计划，飞到距地球6光年的**巴纳德星**只需要50年时间。遗憾的是，直到今天，代达罗斯计划所需要的大量核心技术仍是空中楼阁。可控核聚变尚未达到成熟的地步。

一颗质量非常小的红矮星。

能
量
和
高
能
粒
子

时间进入了21世纪,美国宇航局从2003年初开始研制一种由核动力推进的无人火星探测器。它采用成熟的可控核裂变技术,加载固体堆芯式核裂变火箭发动机,发射时先用化学燃料火箭将它送入800千米以上的绕地轨道后,核火箭才开始工作,避免了核废料对大气层的污染。核火箭将推动飞船冲出地球引力范围,高速驶向火星。

人类曾经的梦魇,经过几十年的改造,走上了另一条路。就像是曾经参与猎户座计划的科学家戴森说的那样:"我们第一次想到如何使用一大堆库存原子弹,但不是用来杀人,而是有更好的出路。我们的目标与信仰,是为人类敲开一扇通往苍穹的大门。"

 **知识点**

原子核由不带电的中子和带正电的质子构成,许多带正电的质子拥挤在一个小小的原子核中,它们之间必定会产生很大的相互排斥的力。而正是因为原子核内的各个粒子间还存在强大的吸引力——核力,质子们和中子们才能紧紧地结合在一起。

# 一个能感受到相对论的地方

■ 朱新娜

1988年10月16日的清晨有些不同，包括钱三强、张文裕在内的几百位物理学家彻夜未眠，都在等待一个重要时刻的来临。

凌晨5时56分，北京正负电子对撞机首次对撞成功。这是我国第一座高能加速器，我国继原子弹、氢弹爆炸成功，人造卫星上天之后在高科技领域又一重大突破性成就。这样的评价让普通人对这个庞然大物肃然起敬，而高能物理所更凭此屡获殊荣。

## 核物理的新篇章

粒子加速器曾被形象地誉为"原子击碎机"，是物理学家了解微观物质的组成和运动规律的工具，它随着核物理的深

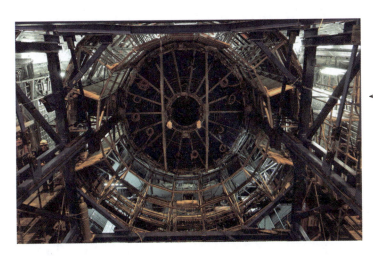

欧洲核子研究中心的大型强子对撞机（LHC）。

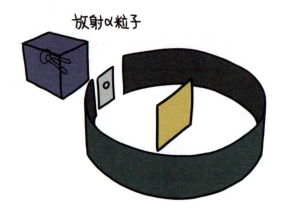

放射α粒子

入研究而产生，到现在已经为人类服务了近百年。

19世纪末，俄国科学家门捷列夫归纳了化学元素周期表，这在科学史上是一个重大进步。但物质元素之间为什么能够呈周期性变化，当时的化学家并不能解释。

直到1911年，英国物理学家卢瑟福做了一个"金箔实验"：他用放射性物质产生的**α粒子**轰击微小的金箔，发现绝大多数的α粒子照直穿过薄金箔，只有少数α粒子发生角度比预想大得多的偏转，于是他推断原子有核，α粒子因为打中了原子核才发生了较大偏转。

α粒子由2个质子和2个中子组成，并不带任何电子，等同于氦的原子核，或电离化后的氦原子 $_2^4He^{2+}$。

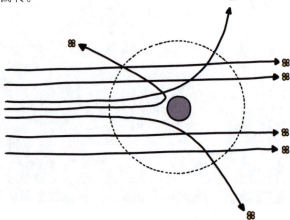

卢瑟福实验示意图：放射性物质产生的α粒子轰击微小的金箔，大多数粒子穿过金箔，少数发生了较大偏转，他据此推断有原子核。

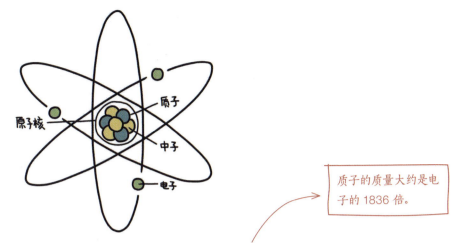

原子核　质子　中子　电子

质子的质量大约是电子的 1836 倍。

尽管原子核尺寸很小却**集中了几乎整个原子的质量**。在原子核之外，有若干"轨道"排布着电子，它们就像行星守护太阳一样围绕着"原子核"公转。而不同元素的性质之所以不同，正是由于构成原子的质子、中子和电子的数目存在差异。

卢瑟福的发现开启了核物理时代，科学家们开始广泛使用钋和镭产生的放射性同位素作为粒子源，并通过这种方法发现了质子。随着研究的深入，很快天然的放射性元素就不能满足核物理实验的需要了。因为它们能够轰击的元素种类有限，加之能量很小，发生核反应的概率也极低。

想要将研究深入扩大，就需要能量更高和束流更强的粒子束。这对使用人工方法产生高能粒子束提出了迫切要求。

爱因斯坦质能方程 $E=mc^2$ 告诉我们原子的原子核中储存的能量要比它的价电子多很多。分裂原子释放的能量要比断开电子键释放的能量大得多。核能研究就是以这个原理为基础的。核反应堆促使原子核产生核裂变，并捕获其中释放的巨大能量。

另外，爱因斯坦建立的相对论中$E=mc^2$公式表明，物体的能量$E$跟质量$m$等价。质量越大的物体，能量越大，反过来，加速粒子的能量愈高就愈能产生质量大的新粒子。而人类每发现一种新粒子都意味着物理学面貌的焕然一新。

## 加速器和对撞机

1932年，两个英国科学家建成了世界上第一台直流加速器。这是历史上第一次用人工加速粒子实现的核反应，因此获得了1951年的诺贝尔物理学奖。

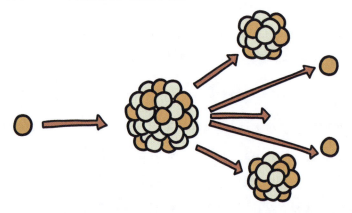

20世纪中期，科学家发现了质子、中子、电子、光子和各种介子，这些是当时的"**基本粒子**"，即人类所能探测到的最小粒子。随着人类对微观世界的认知加深，利用普通加速器进行高能物理实验能量变得不够用了。如果把**静止靶换成加速的粒子**，让两束粒子高速对撞则能提供大得多的能量。

人类将一束粒子的速度提升较为有限，但若将两束高速粒子对撞，则可以增加相对速度。

粒子物理学中，基本粒子（elementary particle）是组成物质最基本的单位。其内部结构未知，所以也无法确认是否由其他更基本的粒子所组成。随着物理学的不断发展，人类对物质构成的认知逐渐深入，因此基本粒子的定义随时间也有所变化。

"正负电子对撞机"的概念随即被提出来。许多理论物理学家开始对对撞机寄予厚望，希望通过它最大限度地将加速的粒子能量用于高能反应或获得新粒子。

## 中国要有自己的对撞机

兆电子伏特，是能量的单位。

　　要开展高能物理研究，中国也要有自己的对撞机。1981年，北京正负电子对撞机（BEPC）在李政道等人的极力支持下立项，历时7年终于建成。

　　北京正负电子对撞机（BEPC）形似一个网球拍，球把是一个200m长的直线加速器，由电子枪产生的电子束在加速管中不断加速，当电子束被加速到240MeV时，轰击一个钨转换靶，产生正负电子对，将正电子收集起来加速。然后，把

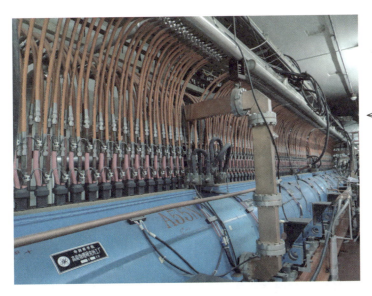

北京正负电子对撞机。图片来源：子乾。

北京谱仪（BES）是北京正负电子对撞机（BEPC）上的大型通用磁谱仪，它就像BEPC的"眼睛"，通过测量正负电子对撞反应产生的次级粒子来研究物质微观结构的基本组成单元及其相互作用性质。

靶提起来，将负电子束流加速到与正电子相同的能量。接着，正负电子通过30m长的公用输运段，然后被一块分选磁铁甄别，各奔一方加速到接近光速，当正负电子分别被加速到需要的能量，调整对撞点两侧的磁铁强度，使正负电子的轨道在探测器中心迎头对撞，这时安放在对撞点附近的**北京谱仪**开始工作，获取对撞产生的信息，存入计算机以备分析。

BEPC是世界上它所在能区内亮度最高的对撞机，通过实验，曾精确测量τ轻子的质量，发现X1835新粒子，在国际高能物理界引起很大反响。北京正负电子对撞机就在北京石景山区的高能物理所，大家有机会可以去那儿感受一下爱因斯坦的相对论。

## 知识点

正电子（又称阳电子、反电子、正子）是电子的反粒子，即电子的对应反物质。它带有+1单位电荷，质量与电子相同。

# 超级显微镜

■ 水白羊

有很多未解之谜，答案或许就在眼前，但想找到那个答案，首先得能"看见"。

举个例子，为什么你的手机电池用着用着就不耐用了？这个问题提出来很简单，答案也就在电池里，但想真正探个究竟，却是一件困难重重的事情。

现在常见的锂离子电池是一个极其复杂的系统，电池性

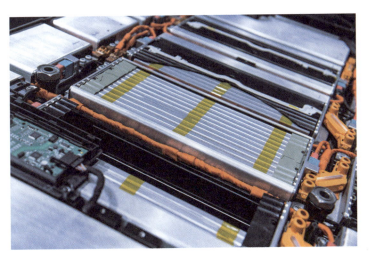

电动汽车电池组。

能变差，变得越来越不耐用的原因，其实涉及了电池工作中的很多个微观过程。比如，电池的每一次充放电活动，都会对内部材料的微观结构造成**纳米级**的破坏。这些破坏造成的损伤日积月累，就会影响电池的性能。

> 纳米，为微米的千分之一（符号：nm）。

155

想检测这些损伤，常规的方法只能先把使用过的电池拆开，检测已经出现了问题的材料的状态，然后依据理论，推测电池里发生过的各种变化。

想拆开电池直接观察里面的电化学反应？哪有那么简单。这些化学反应往往稍纵即逝，电池里的材料暴露在空气中还会与氧气和水分发生反应，更何况，拆开的电池本身就已经不是实际使用中的电池了……所有这些，都是探寻真相的阻碍。

这还只是一块电池。想象一下，如果是一辆电动公交车里组装在一起的几千块电池……

假如，有那么一台"超级显微镜"，能实时监测一辆行驶中的电动车，在纳米级别的微观尺度下，"亲眼看看"充放电过程对电极材料微观结构的损伤，那对电池技术的发展会起到多么巨大的推动作用！

广东省东莞市的一大片荔枝园里，就藏着这么一台"超级显微镜"。

"**中子**"是组成原子核的粒子之一。除了氢原子核，其他元素的原子核里都有中子。简单地说，原子越重，原子核里面的中子也就越多。

> 中子（Neutron）是一种电中性的粒子，具有略大于质子的质量。在原子核外，自由中子性质不稳定，平均寿命约为 15min。

"中子源"，顾名思义就是一个产生中子的源头，就像光源、水源、营养源等。

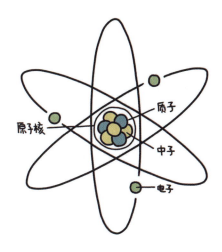

原子核
质子
中子
电子

"散裂中子源"就是用质子"炮弹"去轰击钨或者汞这样"大体重"原子的原子核，把这些原子核"打碎"，让原子核里的中子向四面八方散射出去。有点像是打散一堆悬浮在空中抱成团的台球。

有中子了，这跟显微镜有什么关系呢？

我们身边常见的物质都是由原子构成的。但**原子实在太小**了，想看清这些原子在哪里，或者在化学反应当中，原子都在做些什么，都是非常困难的事情。

一个原子的直径约为50皮米（1皮米相当于1米的一万亿分之一）。

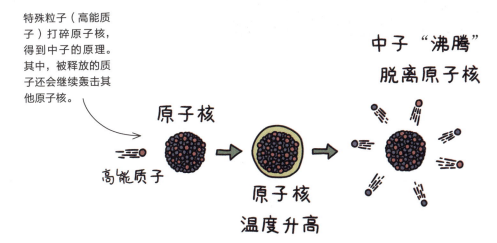

特殊粒子（高能质子）打碎原子核，得到中子的原理。其中，被释放的质子还会继续轰击其他原子核。

高能质子

原子核

原子核
温度升高

中子"沸腾"
脱离原子核

不过,如果用一束中子去"照射"我们想要观察的样品,就会有一些中子在穿过样品的时候,受到原子核的影响,偏离原本的运行"轨道"。测量这些中子进入样本前后的运动变化,科学家就能计算出原子核的位置和运动行为。换句话说,利用中子,科学家们就能在原子尺度上,"看见"各种物质的微观结构和运动规律,"看见"这些原子在哪里,"看见"它们都在做什么。

更厉害的是,因为中子有超强的穿透力,所以可以利用中子观察尺寸特别大的东西。比如,把一辆电动车开进实验舱,在真

位于广东省东莞市的"中国散裂中子源"。图片来源:中国散裂中子源。

实的工作环境中,观察电池组里各个组成部分都在发生什么样的变化;或者把需要焊接的火箭燃料箱和焊接机统统放进实验舱,一边焊接一边观察,看看焊接工艺是不是还有需要改进的地方。

超强的穿透力还让中子能"看清"一些极端环境里发生的

事情。例如在高温、高压的密闭容器里进行的化学反应，想知道容器里到底发生了什么，用X光可能连厚厚的容器壁都"看不穿"，但对中子来说，不仅"看得穿"，还能精确地实时观察化学反应现场各种变化的细节。

这么厉害的"显微镜"当然也是不得了的大国重器。散裂中子源不仅功能强大，运用的技术也非常复杂，造价就更不用说了。以前只有美国、英国和日本3个发达国家才各有一台。那个藏在东莞荔枝园里的，是全世界第4台散裂中子源，是中国人自己的散裂中子源。有了它，不仅能让更多的科学家"去亲眼看看"那个曾经"混沌"的微观世界，也让中国科学家摆脱了束缚，去探索那个曾经需要依赖别人的"眼睛"才能看见的未来。

未来的样子，让我们拭目以待。

（感谢 天津大学材料学博士"圆的方块"对本文的帮助。）

## 知识点

原子是元素能保持其化学性质的最小单位。一个正原子包含一个致密的原子核及若干围绕在原子核周围带负电的电子。其原子核由带正电的质子和电中性的中子组成。